CRISTIANISMO, CRIMEN DE LESA HUMANIDAD

~Versión definitiva~

Cesar Octavio Pedraza López

SECRETARÍA DE
EDUCACIÓN PÚBLICA

Para pedidos de copias adicionales de este libro, por favor contacte con:
Palibrio
1663 Liberty Drive, Suite 200
Bloomington, IN 47403
Llamadas desde los EE.UU. 877.407.5847
Llamadas internacionales +1.812.671.9757
Fax: +1.812.355.1576
ventas@palibrio.com
387183

PROLOGO.

Tenemos problemas sociales que parecen insuperables. El estado no parece pretender solucionarlos; en cuanto al pueblo…; el poder popular para generar un cambio en sus condiciones sociales propias está limitado por su capacidad para separar la verdad de la mentira, es decir, para identificar los verdaderos problemas y visualizar sus causas y posibles soluciones. Pero hay obstáculos para ello, por ejemplo, una de las tradiciones sociales, la práctica religiosa, es un agente determinante que nubla de mitos el entendimiento social, enajenándolo y haciéndolo ingenuo.

LA RELIGION -con su rudimentario pero eficaz sofisma fundamental- es un artificio psicológico que permite al estado inducir y mantener un nivel conveniente de ignorancia y temor entre la población, a la que de este modo, acostumbra a vivir en un estado permanente de letargo y en actitud sumisa y dependiente; para entonces manipularla y explotarla con solvencia.

El dogma CRISTIANO ha alcanzado gran eficacia en este propósito, provocando, sin embargo, en su evolución histórica, un daño irreparable en las formas de convivencia de la sociedad occidental y encausándola hacia una decadencia irreversible.

El presente trabajo hace una crítica desde una perspectiva humanista de ese aparato axiomático del estado, destacando su gran importancia social e histórica; denunciando a una institución responsable de grandes crímenes contra la humanidad. En el desarrollo de la misma crítica, se desentrañas las causas objetivas de la religiosidad humana y se revelan con rigor académico, las trampas psicológicas mediante las cuales el dogma Cristiano, se infiltra, toma el control y dirige la mente social.

Se pretende proveer al lector, las armas para neutralizar el efecto doctrinal y alcanzar la emancipación del pensamiento.

Durante el proceso, resultará sorprendente ir despertando a la conciencia de algunos interesantes aspectos cotidianos de la práctica religiosa social, que parecerían triviales pero que constituyen una pesada carga ideológica.

Que la religión no es un asunto personal ni íntimo. Debemos reconocer su importancia y trascendencia objetiva; pues se trata de un asunto sumamente delicado, de repercusión social, global e histórica, que ha acompañado y definido los derroteros de nuestra civilización de manera tan determinante como lo han hecho la ciencia y la economía.

Que sus efectos personal y social no son inofensivos. Puesto que es un fraude premeditado y malintencionado, su efecto se estima altamente dañino, tanto a nivel personal como social, y ha manifestado inclusive el poder de dirigir a la humanidad hacia su destrucción.

Que no podemos hacernos inmunes a ese efecto con solo asumir una actitud indiferente. El dogma religioso no es un enemigo externo contra el cual podamos simplemente interponer un escudo protector; la realidad es mucho más grave. Habiendo sido inculcado durante largo tiempo y transferido de generación en generación, es ya un enemigo alojado en nuestra mente, que forma parte de nuestra personalidad, de nosotros mismos y que nos ha vivido por generaciones. Tenemos que identificarlo en nuestro subconsciente y tomar conciencia de su efecto nocivo para erradicarlo antes de que se convierta en el instrumento de auto-exterminio para nuestra especie.

Finalmente, no podemos seguir equivocadamente contemplando los acontecimientos históricos o internacionales como algo ajeno y menospreciable solo porque no lo vivimos en carne propia. Es imperante que reconozcamos que somos producto de la historia universal y que todo cuanto ocurre en cada rincón del mundo define las condiciones de vida para las generaciones futuras de la humanidad entera.

Mediante un análisis sobrio, tanto de la estructura del dogma religioso como de la gestión histórica de la institución creadora y mediante una inquisitiva evaluación del contexto social de la práctica religiosa vigente, se hace patente, de forma destacable, que no es en el sentido místico de las doctrinas y los rituales religiosos donde reside su importancia objetiva, ni en el pretendido beneficio que en sentido espiritual pudieran aportar a la sociedad; sino en el diseño del efecto político de conducción social, calculado por sus creadores -el estado-, así como en el provecho objetivo que finalmente logran a través de aquellos.

Asimismo, se hace patente la urgente necesidad social por alcanzar la emancipación. En un proceso que a medida que pasa el tiempo impone cada vez mayor dificultad y demanda mayor esfuerzo; pero que sin embargo, es un paso ineludible en la historia futura inmediata de la humanidad -si es que queremos mantener en elevada estima la razón y objetivos de nuestra existencia-. Primero habremos de sacudirnos el yugo de la institución católica y retirarle a ella toda autoridad social; segundo, deberemos desarticular los mitos de nuestra historia y de nuestra realidad presente, tanto a nivel social como personal; para finalmente llegar incluso a sacudirnos el condicionamiento que produce la connotación de la divinidad, y entonces afrontar la existencia futura con protagonismo y madura responsabilidad, sin depender ni de la gracia divina ni de la voluntad de las autoridades sociales.

Es en suma, una herramienta invaluable en la lucha por la emancipación social.

A mis Padres:

Angélica. Con admiración por su carácter siempre
crítico y demandante. Por su clara percepción de
la malicia del poder social y por su valentía para
expresarlo abiertamente.

Genaro. Con admiración por su optimista
expectativa del futuro. Por su clara convicción de
la necesidad de construir cada cosa deseada y por
percibir en la educación al agente civilizador.

☐

A toda persona crítica, escéptica y amante del
conocimiento, que mediante su gestión inflama la
conciencia social.

Cesar Octavio Pedraza López

Contenido

«VEO UNA NUVE NEGRA SOBRE AMERICA…, Y VIENE DE ROMA»,
Abraham Lincoln

*«SI EL CONCEPTO DE DIOS NO HA PODIDO HACERNOS MAS
GRANDES, LIBRES Y BONDADOSOS, YA ES TIEMPO DE DESACERNOS
DE EL»*, James A. Baldwin

«LO QUE EN REALIDAD SOMOS, SON LOS CAMINOS QUE TOMAMOS»,
Cita en novela de J. K. Rowling

*«NO NECESITAMOS SER RELIGIOSOS O CREER EN ALGUNA
IDEOLOGIA, TODO LO QUE NECESITAMOS ES DESARROLLAR
NUESTRAS CUALIDADES HUMANAS»*, Tenzin Gyatso, Dalai Lama

Capítulo 1

SURREALISMO POPULAR Y FRAUDE OFICIAL

Habiendo percibido una importancia capital de la práctica religiosa en la vida personal y social, desde temprana edad, la religión se convirtió para mí en objeto de interés y de serio análisis; pero solo hasta recientemente he logrado sacudirme el surrealismo doctrinal que sobre mí pesaba, para poder identificar el sentido real de esa importancia, que por cierto, nada tiene que ver con lo divino -con esa la romántica ensoñación que su efecto enajenante nos induce a presuponer-; sino más bien, con propósitos e intereses muy humanos y muy objetivos.

Así que mi motivación para la realización de este tratado empieza con éste que considero un despertar de conciencia que personalmente he alcanzado -derivado del estudio y del análisis crítico de este asunto casi intocable en nuestra sociedad que es la religión-; lo cual que me ha permitido ver en ella a uno de los principales agentes del proceso histórico occidental y promotor de las condiciones sociales actuales, incluyendo su inherente y ya intolerable problemática.

Por tal razón me he sentido en el deber y en la necesidad de hacer público este hallazgo y compartirlo por este medio, tratando de contrarrestar el hecho de que las masas sociales, digamos que por comodidad, se quedan con el aprendizaje que les inculcaron en la infancia, con ese conocimiento estancado en una condición infantil, ingenua y estúpida (que no madura) y con la percepción de que la religión es algo sagrado e intocable; lo que ha permitido a la religión tomar un control absoluto de la mente social y dirigir su historia a placer, trayéndonos hasta las deplorables condiciones actuales y presentándonos un panorama futuro por demás desolador.

Tener la capacidad de hablar de estos temas exige conocimiento pero no doctrinal sino histórico y cultural. Y es que realmente no se trata del "hilo negro", no es el descubrimiento fantástico lo que pretendo compartirles; se trata solamente de convocarles a asumir una condición de honestidad que ya nos debemos a nosotros mismos para despojarnos de una vez por todas, de ingenuidades e hipocresías. Sé que no es sencillo porque se trata de algo profundamente arraigado y además "sagrado" ¡imagínense!; sin embargo, el daño social e histórico es grave y es urgente una solución.

Pero ¿En qué consiste específicamente este hallazgo, este pretendido despertar de conciencia?

Para plantearlo con claridad, primero los convoco a reconocer que vivimos cotidiana e históricamente inmersos en un sinfín de engaños oficiales con toda nuestra ingenua complacencia; desde los anuncios mercantiles; la propaganda política; el manejo tendencioso de las noticias por parte de los medios masivos, la enunciación de la historia en las instituciones educativas, hasta la hipócrita postulación de la participación paternalista de la divinidad acompañando y definiendo la historia de la humanidad -por parte de la iglesia-, etc. Todo lo cual produce un surrealismo social, una realidad ficticia donde vivimos apaciblemente, creyendo en un dios, en un cielo, creyendo en un gobierno que busca el bienestar social, en partidos políticos y en votaciones; habituados a suponer que somos el producto de una historia gloriosa donde existieron héroes sociales altruistas; y donde en el presente, la intención y la labor de las instituciones del estado (el ejército, las instituciones de salud y de asistencia social, las instituciones educativas, las instituciones bancarias y sus seguros de vida, etc.) es en general entendida como noble y altruista.

Y ocurre algo similar a nivel mundial, donde forman ya parte incuestionable de nuestra realidad histórica oficial: el viaje del hombre a la luna; la satanización de Hitler y el papel de víctima del pueblo judío durante la 2ª guerra mundial; La actuación salvadora de los aliados; así como la actual lucha internacional de los EU contra el terrorismo que amenaza al mundo y... también un más largo etcétera.

Pero Ustedes cuestionarán con qué derecho señalo cada uno de esos acontecimientos presentes e históricos como fraudes, y con justicia exigirán pruebas de ello. La historia tarde o temprano así lo ha venido revelando y evidenciando, principalmente a través de la gestión de historiadores no oficiales, las corrientes "Revisionistas" -esos que no aceptan reverenciar la historia oficial y someten a cuidadosa revisión cada acontecimiento histórico sin dar nada por hecho- y casi siempre, cuando ha pasado suficiente tiempo para que la sociedad ya no pueda demandarlo. Además podemos fácilmente constatar que tanto en el presente como en la historia, nadie ha actuado ni sacrificado su vida a favor de los demás, que las intenciones de los protagonistas históricos nunca han sido ni altruistas ni mucho menos, ingenuas. Es evidente que detrás de cada crimen contra la humanidad, dígase revoluciones y guerras, siempre han estado las ambiciones de grupos de poder voraces, de las grandes potencias imperialistas; y sabemos asimismo que la historia oficial –escrita por ellos mismos-, configura el panorama que justifica y exalta ante la humanidad a los vencedores.

Para muestra relativa al ámbito mundial, les comento los recientes atentados del 11-S que tuvieron lugar en la ciudad de New York, donde según versión oficial -y con alarde de cobertura por parte de servicios informativos-, aviones comerciales secuestrados por "terroristas" islámicos impactaron sobre los edificios del "World Trade Center" y el Pentágono. Hecho que los Estados Unidos ofrecen al mundo como el crimen que justifica su posterior intervención militar en países como Afganistán e Irak, pretextando la persecución de grupos terroristas, promoviendo guerras desiguales, masacrando a sus poblaciones civiles, tomando el control político y de paso apropiándose de la producción petrolera de esas regiones.

Actualmente, por la gestión de grupos revisionistas como el "Scholars for 11/S truth", se sabe que se trató de un proyecto militar perfectamente planeado y cínicamente llevado a cabo. La prueba más clara consiste en que los planes de intervención militar contra Afganistán e Irak circulaban ya mucho antes del 11-S, solo se necesitaba un pretexto suficientemente impactante; y los archivos nacionales de EEUU han puesto de manifiesto que el presidente Roosevelt recurrió exactamente a esta misma argucia en relación con Pearl Harbour el 7 de diciembre de 1941, para justificar el ingreso de los Estados Unidos a la 2ª guerra mundial.

Es bien sabido que sus "luchas antiterroristas" son pretexto para suprimir derechos y libertades civiles individuales y de naciones donde ellos necesitan invadir; y que el terrorismo es más bien, un sistema político diseñado y practicado desde las cúpulas gubernamentales de Estados Unidos.

Además, estudios periciales serios, evidencian situaciones anormales y falsedades en el manejo de la información sobre los supuestos atentados; entre ellas: Que los aviones que chocaron contra las torres no eran de vuelos comerciales; Que después de los impactos, las torres se desplomaron por un mecanismo de demolición preinstalado; Que lo que impactó al pentágono no fue un avión sino un misil; Que el área impactada por ese misil estaba desocupada por "remodelación" del edificio, y muchas otras.

En fin, Solo hay que visualizar los intereses en juego e identificar a los beneficiarios finales todo este teatro para poner en claro su naturaleza. Y lo que ha quedado claro, tiempo después de ocurrido todo el acontecimiento, es que con esa guerra EU favoreció a sus empresas petroleras y a su Industria armamentista; además frenó el manejo cambiario del petróleo por euros, volviendo a imponerlo en dólares, es decir, poniendo la definición del precio y el control de la producción petrolera bajo su completa jurisdicción y soberanía.

En cuanto al ámbito nacional, un ejemplo cotidiano y reiterativo lo constituirían las Fundaciones de beneficencia pública como "el Teletón", que son presentadas por industrias particulares (entre ellas las televisoras y las bancarias), como iniciativas de carácter altruista, donde por participación social se recaudan fondos para la atención de grupos sociales marginados por problemas de salud, con la finalidad de ofrecerles una infraestructura de atención medica profesional y darles una expectativa de mejor vida.

La realidad es que mediante abundante propaganda, empleando avanzadas técnicas psicológicas y utilizando sin restricción los medios masivos de información, producen un fenómeno de convocatoria social, donde, abanderados de un fingido-humanitarismo, explotan el sentimentalismo y el morbo popular de forma completamente amañada para moverlos a un desprendimiento voluntario mediante colecta, y consiguen adjudicarse derechos sociales y atribuciones ilegítimas, ya que por una parte coordinan tareas de beneficencia, reemplazado indebidamente a las instancias gubernamentales a quienes compete, con lo que por una parte se liberan de la obligación del pago de impuestos que sus actividades empresariales formales causan y, por otra parte, recaudan capitales sin límites, sin impuestos y sin auditoria, consumando un negocio redondo. Lo más grave es que sabiéndose justificados ante la sociedad, la condicionan dictándole comportamientos y valores y llegando a ejercer una autoridad inquisitorial con la que pueden desacreditar metódicamente y condenar corrientes de pensamiento no alineadas. Desvirtúan también de forma cínica el sentido objetivo de la acción y colaboración social, encausándola a formas enajenadas, específicamente al consumismo.

Reconozcamos que la solución no está en proporcionar ayudas humanitarias y generosas para aliviar casos dramáticos particulares; sino en suprimir las condiciones sociales de injusticia que propician continuamente la emergencia de esos casos; es decir, la colaboración social no debe verse como una donación correctiva sino como un sistema social preventivo.

Otro ejemplo, ahora del ámbito religioso nacional y muy a propósito del asunto de este tratado y del escenario a donde es dirigido –México-, lo constituye "el fenómeno guadalupano", la adoración de la "Virgen de Guadalupe". La versión doméstica del "misterio de las advocaciones marianas", ampliamente empleado por la iglesia como estrategia de expansión a lo ancho del mundo.

Se trata de antemano de un componente religioso de la tradición y como tal
–según quedará claramente expuesto a través de este tratado- es de antemano
una absurda fantasía.

«JUAN DIEGO PERSONIFICA A NUESTRO PUEBLO, TITULADO POR
LA MADRE DE DIOS COMO HIJO PREDILECTO DE SU CORAZÓN»,
Inscripción en el lugar del Templo.

Bien, la versión oficial institucional presume que María, esa figura divina de
la doctrina cristiana, la madre en vida del dios encarnado Jesucristo, en una
muestra de amor y compasión por el pueblo mexicano, sufriente tras la reciente
conquista por parte de los españoles, tuvo a bien el aparecerse a un indígena
mexica en el cerro del Tepeyac para manifestar su predilección por el pueblo
mexicano (por encima del resto de la humanidad) y para ofrecer su consuelo
divino; provocando que el pueblo mexicano le retribuyera en adelante, con una
ferviente adoración.

El génesis de esta arraigada tradición religiosa social en México, es claramente
de intención política, y las características y situaciones que condicionaron su
implantación, así como su efecto social histórico, son muy objetivas.

La colonización de México por parte de los españoles, como toda conquista,
debía involucrar un proceso de suplantación de la ideología social; y la ideología
de los nuevos soberanos en este caso, venía impregnada del dogma religioso
cristiano; así que, luego de perpetrar la masacre bélica y el sometimiento militar
del pueblo azteca, el paso siguiente consistía en imponerles la doctrina religiosa
teológica y así establecer también una dominación ideológica. Pero aun cuando
el pueblo azteca había reconocido su derrota y con ella, la supremacía de los
dioses de los españoles; todavía existía una fuerte resistencia a transferir su
lealtad a las divinidades cristianas.

De tal suerte que los misioneros españoles tuvieron que idear un acontecimiento
que inclinara la balanza a favor de la nueva doctrina y permitiera su pronta
adopción. Ya entonces ellos acostumbraban -como estrategia expansionista-,
permitir la mezcla de las tradiciones religiosas anfitrionas con las cristianas
a fin de suavizar la transición. De modo que a los indígenas se les permitía
seguir realizando sus rituales acostumbrados y uno de los más notables era las
continuas peregrinaciones al santuario de la divinidad femenina de la tierra y
la fertilidad "Coatlicue" (señora de la falda de serpientes), también conocida

como "Tonatzin" (venerable madre de los dioses), en el cerro del Tepeyac; aun cuando el santuario original había sido ya sepultado y sobre él se hallaba edificada una ermita católica.

Asimismo en España se había hecho costumbre hablar de "apariciones" de la divinidad para manifestar un favoritismo hacia pueblos particulares. Ya había ocurrido la "aparición" de la virgen del Pilar en Zaragoza; y se sabe además que los conquistadores ya veneraban a una virgen de Guadalupe, cuyo lugar de culto se encontraba en Extremadura, España, y cuyo nombre era una palabra compuesta de la raíz árabe "guada" (río), y de la raíz latina "lux-speculum" (espejo de luz), "río que refleja la luz". Por coincidencia ese nombre sonaba como el vocablo nahuatl "Coatlallope" que significa "que aplasta a la serpiente", y que pudo haber sido usado para sugerir una cierta supremacía de ella con respecto a Coatlicue; o simplemente una familiaridad con ella, lo que de todas formas le ganaría simpatía entre los adeptos. Asimismo, la significación de "Tonatzin" se amoldaba muy adecuadamente a la figura teológica de María "madre de dios".

De esta forma se planeó y se montó el teatro de la aparición de la virgen a un indígena, Juan Diego, en el cerro del Tepeyac; se preparó también la impresión de su imagen en un ayate para que se constituyera en objeto de culto -en un estudio del ayate se encontraron tres distintas capas de pintura; la primera de las cuales muestra las similitudes con la virgen de Extremadura; los rasgos indígenas son posteriores-. Se le asoció también una romántica leyenda en base al mito seductor de la predilección divina. Y ¡qué mejor anzuelo! que una "madre amorosa" consternada por el sufrimiento de sus hijos recientemente masacrados y ahora esclavizados, favoreciéndolos como pueblo predilecto. Actúa también en favor de su aceptación, la conmoción que recientemente experimentara el pueblo mexicano a manos de los conquistadores que, esclavizaron a los hombres y violaron a sus mujeres, pasando ellas a asumir involuntariamente el papel de "traidoras", en virtud de lo cual, los indígenas mexicanos desarrollaron un odio enfermo hacia sus mujeres y encontraron consuelo venerando de forma fanática a sus madres.

Existen también argumentos psicológicos que señalan en el patrón oval de la forma de la imagen del ayate, una evocación del aspecto exterior de la vagina femenina, objeto de natural veneración por parte del auditorio masculino y de beneplácito por parte del femenino, al percibirla como un tributo a la femineidad; lo que ha contribuido a su acogida social como símbolo sagrado.

Sin embargo, lo que hace realmente el dogma teológico es presentar un estereotipo idealizado pero distorsionado de la virtud femenina -ya que se venera la virginidad y la abnegación, mientras se consiente la crueldad y machismo de los hombres-; lo que acentúa la degradación social de la mujer en México.

Por todo lo anterior, la figura de la virgen morena alcanzó un éxito desmesurado de aceptación y de efectividad para domar el espíritu indígena y se convirtió incluso en la figura central de la divinidad cristiana para los mexicanos. Y de ahí en adelante además, en fuente inagotable de ingresos para el vaticano.

De igual modo podríamos seguir analizando prácticamente cada componente de la tradición social para desmentir, principalmente sus motivaciones supuestas y su interpretación oficial.

Así que vivimos con ese tipo de mentiras, no solo de manera cotidiana e indolente por parte de la población, sino que además el estado y sus instituciones tienen establecido un nutrido calendario cívico y religioso anual, promoviendo ceremonias, festividades, peregrinaciones, etc. y acompañándolas de un arsenal propagandístico en la forma de libros, películas, documentales, etc. para refrescarlas y reavivarlas periódicamente en nuestra memoria, exaltando igualmente Religión y Nacionalismo. Las fechas incluyen, como Ustedes bien saben: Navidad, día de reyes, Semana Santa, día de muertos, día de la virgen de Guadalupe y –en el colmo de la burla a la sociedad-, la celebración del día de Domingo de Guzmán (pionero de la inquisición); y entre las de orden cívico: Constitución, Independencia, Revolución, día de la bandera, batalla de Puebla, descubrimiento de América por los españoles, y otras; -inclusive los dos periodos vacacionales anuales tiene principalmente motivación religiosa (navidad y semana santa)-.

Todas las anteriores, junto con los acontecimientos que acompañan la vida personal y familiar: bautizo, primera comunión, boda etc., saturan la vida personal y social, absorbiendo atención, tiempo y recursos pero principalmente manteniendo viva la enajenación.

Muchas de estas mentiras parecerían inofensivas o incluso de ocurrencia accidental; ¡pero no!, su intención es más bien perversa, su origen está perfectamente planeado y su efecto también maliciosamente calculado y, ¡sorpresa! todas ellas proceden de la misma fuente: ¡el estado!

Entonces debemos darnos cuenta de que ese surrealismo en que vivimos ha sido diseñado e instaurado desde tiempos remotos y desde entonces pacientemente madurado por parte del estado, con la clara premisa de lograr un control mental y una manipulación sobre la población. Y la institución del estado históricamente encomendada a trabajar en esta intención ha sido <u>la institución religiosa</u>.

Una vez conociendo donde se originó la religión, en particular el cristianismo; conociendo asimismo la intención de sus creadores y estimando los efectos nocivos que ha provocado a lo largo de su historia, tanto a nivel personal como a nivel social, manifiestos tanto en condiciones degradantes de la personalidad individual (la ignorancia, la superstición y el temor), así como en estructuras sociales injustas y corruptas que se tornan degenerativas; Una institución que en fin, solo ha traído calamidades al mundo (cruzadas, inquisición, pederastia de sus ministros, etc.); y un dogma que además mantiene latente en el subconsciente social una predisposición a la misoginia, a la xenofobia y a la condena, pudiendo mover a la humanidad hacia su autodestrucción. Entonces -como se constatará a lo largo de este tratado-, no queda más alternativa que declarar al **cristianismo** como **un crimen histórico contra la humanidad**, quedando enunciada en tales términos la tesis de este tratado.

Momento oportuno también para anteponer, a manera de antítesis y optimista expectativa para el desenlace final de los acontecimientos, mi credo personal:

"Creo en la humanidad y en sus capacidades para superarse"

Como puede observarse, el enfoque que propongo para el análisis del cristianismo es más bien político que espiritual, y mi tratamiento del particular se mueve en un plano real y no ficticio; convocando a un claro discernimiento de lo que es de origen divino y lo que es de origen humano, rechazando entonces toda intervención divina en el desarrollo de la historia humana y postulando que toda la creación doctrinal y de infraestructura para el culto religioso son obra eminentemente humana.

Censuro principalmente a la institución que como brazo del poder, ha creado con malicia y alevosía ese perverso instrumento de control ideológico para el dominio social que es la doctrina teológica; pero con la misma severidad censuro la actitud popular indolente y apática que les convierte en víctimas voluntarias.

Hago notar que el poder popular para generar un cambio en sus condiciones sociales está limitado por su capacidad para separar la verdad de la mentira, y que se tiene que luchar contra la tradición religiosa que nubla de mitos el entendimiento social, enajenándolo, haciéndolo ingenuo e Imposibilitándolo para alcanzar siquiera a vislumbrar la realidad contextual, mucho menos una solución a sus problemas.

Y debo aclarar que criticar la religión No significa blasfemar contra dios, ni tampoco significa atacar a las personas que la practican; sino censurar una percepción evidentemente rudimentaria e indigna de la divinidad creadora, así como una actitud despreocupada, carente de compromiso e igualmente indigna, de parte de la población. Ahora bien, el derecho a expresar mi opinión y establecer una crítica yo lo asumo, con plena autoridad y responsabilidad.

Me propongo generar conciencia que permita al lector alcanzar la emancipación. Sacudirse el yugo religioso, lo que de forma natural se podrá hacer extensivo al ámbito cívico. Entonces le demando participar efectivamente en la definición de un cambio radical en las estructuras sociales, que verdaderamente implante justicia y libertad ¿y porque no?, aclararnos y mejorar también nuestras aspiraciones espirituales o trascendentes como humanidad.

En las secciones subsecuentes nos aprestaremos entonces a una seria revisión histórica del desarrollo de doctrina e institución, así como al análisis sistemático de la estructura psicológica del dogma religioso; para develar el importante impacto de ambos en la conformación de las estructuras de dominio en las sociedades occidentales. Durante el proceso, y procurando que nuestro estudio sea formal y el aprendizaje significativo, pondré en práctica dos importantes principios pedagógicos estratégicos sugeridos por Paulo Freire y también por Robert Marzano:

a. Plantear al inicio de cada asunto de estudio, preguntas y situaciones desafiantes pertinentes sobre la realidad objetiva, como un estímulo a la reflexión crítica del lector.

b. Mantener la observación del objeto de estudio sin involucrarnos en él, es decir analizarlo desde fuera y de forma independiente, con la intención de que podamos objetivar su realidad y comprenderlo cabalmente.

Por último, ante la complejidad y dificultad del proyecto a que convoco, demando del lector, una mente abierta y una actitud escéptica y esforzada. No podemos pretender que las estructuras sociales sigan igual y que nuestra práctica religiosa solo sirva para conformarnos con ellas.

ADVERTENCIAS

a. No se trata de alentar a los oprimidos a que preparen las trincheras para una confrontación armada contra la clase opresora. Independientemente de la clara desventaja, la experiencia histórica ha señalado reiterativamente la inutilidad de esos sacrificios de vidas. Lo que sí es imprescindible es adquirir conciencia de clase e identificar el arma ideológica de la que echan mano los opresores para ganar y mantener el dominio social; reconocer además, el legado histórico de esquemas sociales torcidos que no solo han hecho posible la definición de los dos polos sociales; sino que además la han reforzado. Puede decirse que hemos creado las estructuras de dominación y ahora todos estamos supeditados a ellas.

De hecho hay que tener presente que resultará tan difícil enfrentar a quienes, por la contradicción natural de pertenecer al polo opresor, a su debido momento se declararán nuestros enemigos mortales antes que ver amenazados sus privilegios; como lo será también enfrentar a aquellos que, pese a formar parte del grupo social oprimido, se encuentran tan inmersos en las viciadas formas de dominación social y tienen tan arraigada la subordinación mental, que se constituirán en un fuerte obstáculo a nuestro propósito; y bien sabemos que individuos de la más humilde extracción social, pueden, dadas las circunstancias, convertirse en los peores tiranos y defensores acérrimos de los intereses de sus "patrones".

Sin embargo, debe quedar claro que es en el polo oprimido donde debe gestarse la pretendida sacudida social y es por eso a él a donde es dirigida esta convocatoria.

b. Puesto que el contenido de este tratado es postulado como el objeto cognoscible mediador para el establecimiento del dialogo desafiante y el consecuente análisis crítico con el público lector -dentro del pretendido proceso de concienciación-, no puede tratarse de un trabajo ni devoto ni apologético; ni tampoco de una propaganda sectaria alternativa, en cuyo caso estaría hipócritamente explotando las condiciones de enajenación social que pretendemos erradicar y no habría congruencia con los ideales que animan este trabajo.

La intención de confrontar doctrinas sectarias es una labor estéril e infame, ya que cuando nos sumergimos en la doctrina para analizar su presunto valor filosófico o si queremos argumentar en contra la doctrina usando sus propios recursos, estamos de antemano mordiendo el anzuelo de su estrategia de enajenación.

EN ESTE CAPITULO,

AL POSTULAR QUE EL ORIGEN DE ESE PERNICIOSO SURREALISMO SOCIAL EN QUE VIVIMOS SE GESTA EN LA RELIGION, SIENDO EL CRISTIANISMO LA RELIGIÓN VIGENTE EN NUESTRAS SOCIEDADES OCCIDENTALES; Y PUESTO QUE ES NECESARIO PARTIR DE BASES REALES, DESPOJANDONOS DE TODA FANTASIA Y MITOS; ASÍ COMO ASUMIR ACTITUDES SENSATAS Y OBJETIVAS PARA ANALIZAR LA NATURALEZA DE NUESTRA REALIDAD; ENTONCES ES IMPRESCINDIBLE REALIZAR PRIMERO UNA SERIA REVISIÓN HISTÓRICA OBJETIVA DEL DESARROLLO EXPERIMENTADO POR EL CRISTIANISMO, DESDE SUS ANTECEDENTES JUDAICOS; LA APARICIÓN DEL JESÚS HISTÓRICO; ASÍ COMO LA PARTICIPACIÓN DE LOS PERSONAJES QUE DEFINIERON O MODIFICARON EL RUMBO DE LA DOCTRINA RELIGIOSA CRISTIANA.

«EL QUE NO ESCRIBA LA HISTORIA UNIVERSAL COMO HISTORIA CRIMINAL, SE HACE CÓMPLICE DE ELLA», Karl Deschner.

PREGUNTA DESAFIANTE:

¿ACEPTAS LA IDEA OFICIAL DE QUE TODO LO IMPORTANTE, TANTO EN RELIGION COMO EN LA HISTORIA HUMANA, TUVO LUGA EN EL PASADO, DEFINIENDO EL DESTINO Y... QUE A NOSOTROS SOLO NOS CORRESPONDE SER ESPECTADORES DE ESE DEVENIR?

Capítulo **2**

LA REVELACION EN LA HISTORIA

Postulando el estudio serio de la historia como la herramienta idónea para la adquisición del conocimiento cabal de nuestra realidad, debemos tener presente y estar alertas; sin embargo, al hecho de que el manejo que hace el estado de la historia oficial es intencionadamente confuso, aburrido y tedioso; centrando el interés más en los hechos inertes que en las causas y motivaciones que los provocan. Podemos notar que cuando se trata de hechos contundentes como la inquisición (tratada adelante en este capítulo), la historia oficial cede mañosamente paso a la fantasía religiosa mediante no definir la versión definitiva, exponiendo múltiples versiones superficiales y sensacionalistas, sin el debido rigor científico y dejando que tome lugar un ambiente de misterio.

Todo ello a fin de que permanezcamos ignorantes del proceso histórico y de la ley de consecuencia. Así que resulta ciertamente muy difícil encontrar suficiente información veraz y objetiva; ¿Por qué no se dice llanamente que fueron crímenes de la iglesia mientras ostentaba el poder político en Europa y no toleraba competencia ni rebeldía?. Sin embargo, es también muy amplia la aportación de múltiples estudiosos contemporáneos serios. En general, la corriente de historiadores revisionistas.

Con nuestra inmersión en la historia, veremos por principio de cuentas que el solo acercamiento a ese pasado bárbaro de la humanidad en general y de la institución en particular, pone de manifiesto el proceso evolutivo que ambas, en correspondencia, han seguido: partiendo de condiciones salvajes y rudimentarias, pasando luego por un camino vacilante y lleno de tropiezos, hasta el estado y condiciones actuales; pero sobre todo que toda la historia humana -plagada de guerra, crimen, trampa y barbarie- es una interminable lucha por arrebatar el poder social, por disfrutar los beneficios de la dominación social, corroborando nuestra voraz naturaleza y exhibiendo nuestra deplorable vocación histórica: que una vez que conocemos las bondades y los privilegios de ese poder, nos aferramos a él y somos capaces de atropellar a quienes representen un obstáculo para obtenerlo o un riesgo de perderlo y que nuestra principal ocupación es idear las formas de adjudicárnoslo.

En la actualidad esa vocación humana es confirmada por la promoción sistemática de constantes guerras que realizan los países poderosos, y por el enorme porcentaje de la población mundial cuyo trabajo tiene que ver con asuntos bélicos.

No podemos simplemente –según sugieren algunos cursos de superación personal- dejar atrás el pasado y ver solo hacia adelante; no mientras que no hayamos asimilado la historia, pues de otro modo, caminaríamos confiadamente hacia el precipicio.

Lo cierto es que a través de una revisión histórica sobria podemos exhibir, además de su origen y método, la malicia y la tiranía de "la palabra de dios" así como la deplorable intención que se expresa a través de ella; dejando en evidencia que no ha existido ni intervención divina en la historia humana, ni naturaleza divina en la doctrina, ni revelación, ni delegación de autoridad divina en la institución.

Debemos entonces realizar una cuidadosa revisión documental del proceso histórico que ha experimentado el cristianismo desde su nacimiento, para identificar la lógica del proceso y constatar el resultado final.

Así que a continuación les comparto una breve sinopsis histórica, coherente y objetiva del desarrollo del cristianismo. Reconozco que lo hago de forma mucho muy resumida, dejando a un lado muchos detalles que en su momento podrían ser de utilidad, y que queda abierta la opción para que el lector abunde en lo que considere de interés, pues hay mucho que decir y muchos datos que corroborar de forma documental.

Yo presento el entretejido de la trama de intereses que alcanzo a percibir, pero sin detenerme a la formal comprobación de los hechos descritos, por lo que antepongo a continuación las siguientes necesarias advertencias aclaratorias:

(a) No debemos ignorar ni desestimar que: por una parte, fuera de los mitos de los escritos evangélicos canónicos, naturalmente devotos e imaginativos; así como los infantiles evangelios apócrifos -creados en su momento, para seducir y convertir al cristianismo a masas supersticiosas de paganos y gentiles-; existe muy escasa y poco accesible documentación histórica formal en la cual poder apoyarnos; y por otra; que incluso esa documentación formal (como los trabajos del historiador judío Flavio Josefo) fue también objeto de maquillaje y depuración tendenciosa por parte del poder del clero, durante el largo periodo de dominación política y social que asumió la iglesia sobre Europa en la época medieval.

(b) No estoy inventando ni descubriendo nada nuevo. Todo ello está y siempre ha estado ahí, frente a nuestros ojos y de forma muy clara, tanto en nuestra realidad presente como en nuestra historia; sólo necesitamos querer verlo o atrevernos a verlo. Por ejemplo, seguramente es muy evidente para todos nosotros, la vinculación existente de la iglesia con el estado; pero no nos detenemos ni nos atrevemos a estimar el alcance de sus implicaciones en la vida social.

(c) Si solo nos allegamos de información oficial, veremos los hechos históricos a través de nuestra enajenación, que es la versión diseñada y malintencionada de ellos; tenemos que conocer versiones diferentes y contemplar el panorama histórico entero para percibir su real naturaleza, por lo cual es indispensable de nuestra parte, despojarnos de ánimos devotos, apologéticos y sensacionalistas; desechar todo elemento mítico o fantástico y entonces simplemente aplicar una elemental lógica y sensatez.

Ejemplo:

"El ángel Gabriel fue enviado por dios a una ciudad de Galilea, a una virgen cuyo nombre era María, desposada con un varón que se llamaba José, de la casa de David, para anunciarle que por la gracia de dios, la cubriría la sombra del espíritu santo y concebiría un hijo, un hijo de dios. ...Y dio a luz a su hijo primogénito, lo envolvió en pañales y lo acostó en un pesebre y a los pastores que guardaban vigilia sobre sus rebaños por esos lugares, se les presento un ángel que les anunció que les había nacido un salvador. Y apareció con el ángel una multitud de las huestes celestiales que alababan a dios..."

Extracto de Lucas 1, 26 a 2, 20

"...Unos magos venían de oriente para adorarle, mientras que una estrella iba delante de ellos guiándolos hasta el lugar del nacimiento..."

Extracto de Mateo 2, 1-10

¿Podría el lector identificar la fantasía en estas narraciones de la concepción y el nacimiento de Jesús, que se exhiben en los textos evangélicos; y desecharla para entonces proponer una realidad llana posible para esos acontecimientos, y finalmente percibir las intenciones de quienes crearon la fantasía?

Mi respuesta: La realidad objetiva es que *Nace un niño en palestina*. La intención de los creadores de la fantasía: *postular la apoteosis del personaje*.

Bien, empezaremos identificando en la historia, la evidencia de la vinculación de intereses entre el estado y la institución religiosa.

LAS CIVILIZACIONES MILENARIAS

Los registros históricos de civilizaciones milenarias como la Egipcia y la Maya -por mencionar solo unos pocos casos-, revelan con sencillez y claridad que sacerdotes o magos trabajaban siempre al lado de los gobernantes y gozaban como aquellos, de posiciones sociales privilegiadas.

La labor de los sacerdotes se hacía patente en todas las fases de exposición e interacción de la clase gobernante con el pueblo, unas veces creando los mitos mediante los cuales se atribuía a los gobernantes una esencia divina, presentándolos ante el pueblo como seres poderosos y como nobles y paternales conductores; otras, elaborando complejas creaciones doctrinales para confirmar y justificar ante el pueblo las determinaciones políticas de éstos; conciliando así, invariablemente, su autoridad terrestre con la voluntad divina. Se sabe, por ejemplo, que algunos gobernantes de Egipto al auto-nombrarse de naturaleza divina, llegaban al extremo de tener que designar representantes que atendieran los problemas terrenales.

Además en toda esta gestión se evidenciaba el manejo, por parte de los sacerdotes, de un avanzado conocimiento científico que aventajaba marcadamente a la ignorancia popular. Poseían y desarrollaban amplios conocimientos en astronomía, meteorología, medicina, agronomía, etc. Y mediante ellos se procuraban la cabal comprensión de las causas y los efectos de los fenómenos naturales y estaban entonces en posibilidad de crear interpretaciones míticas con las cuales sorprender al vulgo y conducir su percepción a voluntad. **Lo que para el pueblo eran misterios para maravillarse y atemorizarse, para los sacerdotes y dirigentes eran "iniciaciones", es decir, logros de la conciencia que les redituaban un poder social.**

De esta forma convertían al pueblo ignorante en dócil objeto de dominio y explotación.

Y debemos asimilar una reflexión pertinente y alarmante: esa situación descrita no ha cambiado de entonces a la actualidad. Los papeles de los protagonistas sociales siguen siendo los mismos ahora y su condición e intención también.

En la actualidad, el conocimiento cabal y el dominio de los fenómenos geológicos, meteorológicos, bacteriológicos, psicológicos; los alcances inusitados de la tecnología informática, el manejo de la energía nuclear y de la física cuántica y muchos otros, desarrollados la mayoría, con fines bélicos y con propósitos políticos -sin contar ovnis y fantasmas-; siguen sorprendiendo y maravillando al vulgo y depositando en sus creadores el poder de controlar y encausar la percepción y la actuación social.

De entre los trabajos doctrinales creados y desarrollados por sacerdotes en apoyo a la labor de dominación de los gobernantes desde tiempos remotos, es de destacar el logro alcanzado por la doctrina Judaica, que constituye la raíz doctrinal del cristianismo, y… que partiendo de un ingenioso mito, establecía por sí misma la estructuración social conveniente para estratificar y jerarquizar clases sociales, exaltando el papel de personajes "elegidos" de la sociedad.

Los judíos son de los primeros en falsear la naturaleza y en construir un sistema de ideas para transformar la realidad social, fundamentalmente mediante una primera doctrina de sumisión teocrática para el pueblo.

EL PRIMITIVO DIOS DE LOS JUDIOS

La doctrina del arrogante judaísmo describe a un dios creador del universo, cuya criatura más refinada y consentida es el hombre. Un dios celoso, iracundo y vengativo; que exigió obediencia y fidelidad a sus criaturas so pena de severo castigo. Tenía la costumbre de definir preferencias y distinciones en todos los aspectos, estableciendo una fuerte discriminación y sectarismo: primero el homo-centrismo (la humanidad como centro del universo y por encima de los demás reinos de vida); después la xenofobia (el pueblo judío elegido por sobre los demás); siguen el patriarcado y la misoginia (el varón como cabeza de la familia y de la sociedad); Finalmente el señalamiento de individuos elegidos tanto en la familia (el primogénito) como en la sociedad (profetas y Mesías y posteriormente sacerdotes).

De este modo, ese dios, Jehová, se asumió en el papel de dios de raza para los judíos, pueblo al que favoreció con particular celo, peleando sus batallas, destruyendo a sus enemigos y entregando a ellos sus botines de guerra y además su preciada "revelación".

Si atribuimos a dios una constante intervención en la historia humana como hace la doctrina judaica; ¿Cuándo decidió dejar de intervenir? ¿Acaso debemos suponer que las cosas ya están sobre su cauce divinamente planeado? ¿Quedó dios satisfecho con su trabajo?

El origen real del judaísmo, sin embargo, bien podría ser sugerido por las propias leyendas mosaicas, depositadas en el "Pentateuco" -que constituye la base de los textos sagrados judaicos- donde se relata que el mismo Moisés, siendo de origen hebreo, por azares del destino, tiene la oportunidad de ser educado en el seno de la cultura egipcia -la más refinada de su tiempo- y siendo acogido por la familia real, tuvo acceso a la más elevada instrucción sacerdotal (el conocimiento de iniciación). Después al revelarse su procedencia y, ante la imposibilidad de asumir un reinado en Egipto, es entonces lógico que concibe la estrategia de acercarse al primitivo y nómada pueblo hebreo y asumir su dirigencia, creando de este modo para sí, su propio reinado. Así es como va a ellos, les inventa el mito de la "revelación divina" e impone el anzuelo seductor de que dios los señalaba a ellos como su pueblo elegido. De este modo, exaltada su vanidad, el pueblo hebreo acepta a Moisés como su dirigente y él, desarrolla todo un sistema de control social por medio de un estricto código moral de procedencia "divina" –los mandamientos- y su desglose, iniciando un primitivo proceso de civilización para ellos y sentando las bases de la que ha llegado a ser la más refinada herramienta de dominación ideológica social.

En cuanto al tipo de portentos atribuidos a Jehová en los relatos del antiguo testamento, como: la separación de las aguas del mar para permitir la huida de los judíos de Egipto; la destrucción por el fuego, de ciudades como Jericó, Sodoma y Gomorra; bien pueden ser adaptaciones de relatos históricos correspondientes a desastres naturales como terremotos, inundaciones e incendios que, según los geólogos, han sucedido de manera recurrente en esas regiones palestinas desde tiempos remotos, debido a la presencia, tanto de una importante falla geológica, como de yacimientos petrolíferos en el subsuelo; pero hábilmente adaptados por Moisés o por otras mentes igualmente aventajadas, que los atribuyeron a una voluntad divina para subordinar y dirigir la percepción social y así controlar su comportamiento.

Otra teoría que ofrece una clara explicación alternativa sobre el origen de la doctrina judaica es expuesta en el libro "la puta de Babilonia" de Fernando Vallejo, y señala que el mismo Moisés, junto con su pentateuco, pueden ser un mito creado por la mafia sacerdotal judía de la época de los reyes Ezequías y Josías (aproximadamente 700 años A. C.), con la expresa intención de crear un monopolio de la producción de carne entre el carnívoro pueblo judío. Teoría soportada en la clara evidencia de que los lineamientos morales que Jehová decreta para su pueblo en el antiguo testamento, promueven -bajo el pretexto de la expiación por los pecados de los hombres-, la reiterativa práctica del holocausto de animales (principalmente de ganado). El ritual ceremonial correspondiente, es un detallado manual de carnicería donde se asigna un uso a cada porción de carne. El templo portátil judío (el Tabernáculo) por su parte, se convertía –debido a esos sacrificios rituales- en un matadero o rastro y estaba encomendado a un linaje sacerdotal, comisionado a derramar la sangre y quemar (cocer) la carne para "apaciguar la ira de su dios".

Y por no dejar de evidenciarlo, aparece una vez más el elemento discriminatorio: Jehová no aceptaba animales defectuosos en el holocausto, ni personas defectuosas en la congregación.

El suponer que los animales fueron puestos en la tierra por dios para el uso a placer por parte de los hombres es una de las grandes estupideces teológicas, que ha alimentado la arrogancia y provocado que los humanos nos asumamos inconscientemente en el papel de depredadores supremos, consumiendo indiscriminadamente los recursos planetarios; en lugar de responsabilizarnos de nuestro medio y del cuidado de las especies menores.

Junto con las religiones que de él se desprenden, Islam y Cristianismo, han constituido la peor herencia para la humanidad, ya que con sus deplorables y nocivas características: homofobia, misoginia, desprecio por las formas de vida animal, sectarismo y elitismo, la mueven hacia actitudes y acciones destructivas, que han bañado el mundo de sangre.

EL AVANZADO DIOS DEL CRISTIANISMO

El mito cristiano promovido desde las cúpulas católicas y aceptado y defendido por las masas sociales domesticadas, señala, a grandes rasgos, que Jesús el "Cristo" o Jesucristo, apareció hace unos 2000 años sobre la tierra de Palestina, como una encarnación divina, experimentando "en carne propia" las penurias de la vida mortal -para solidarizarse con sus criaturas-; entonces predicó su evangelio y creo su iglesia, a la que encomendó la continuación de su obra y la difusión de su evangelio. Finalmente culminó su obra de redención para con la humanidad, mediante su muy simbólico auto-sacrificio en la cruz.

La cuestión inmediata obligada ante esta ingenua concepción de la historia sagrada es: Si se trató de la propia encarnación divina y su obra alcanzó la culminación **¿por qué ni doctrina ni iglesia han aportado nada bueno para la humanidad durante los subsecuentes 2000 años?**

*Si hablamos de encarnación divina; no tiene sentido el argumento de que ese creador necesitaba conocer la miseria de ser humano para ser un buen soberano. **Otra vez se recurre a un sofisma para engañar.** Estamos hablando nada menos que del creador de este mundo y sus criaturas, quien las conoce de antemano y con absoluta intimidad y detalle; quien además no puede tener la ingenuidad o ignorancia para no prever este desdichado desenlace histórico para la humanidad por causa de su gestión.*

En la realidad histórica, el cristianismo se originó como un movimiento mesiánico de rebelión del pueblo judío contra el dominio de Roma y contra la usurpación Idumea del trono de Palestina (la familia Herodiana que ostentaba la delegación regional del poder romano). La rebelión ofrecía al pueblo judío la esperanza de un cambio favorable en sus condiciones de vida, y de que, una vez suprimido el dominio tiránico romano, se hiciera viable la instauración de un reino de justicia con los tintes teocráticos que su tradición postulaba.

Más adelante; sin embargo, la conmoción causada por los acontecimientos históricos que se desencadenaron, hicieron pasar al cristianismo por diversas e importantes transformaciones, hasta cambiar radicalmente su esencia. Y desfilan en escena algunos singulares personales que protagonizan esa metamorfosis, por lo que será muy ilustrativo evocarlos con especial atención.

«EL QUE TIENE BOLSA, TÓMELA Y TAMBIEN LA ALFORJA; Y EL QUE NO TIENE ESPADA, VENDA SU CAPA Y COMPRE UNA», Atribuido a Jesucristo en Lucas: 22, 26

JESÚS, LIDER DEL MESIANISMO REVOLUCIONARIO

Corría el año 753 de la fundación de Roma, año 3761 de la creación del mundo según la tradición judía, a unos 80,000 años de la aparición del homo Sapiens, 3,500 millones de la primera manifestación de vida sobre la tierra y 12,000 millones de años del "big bang" según la ciencia; cuando en los territorios palestinos, subsidiarios de roma, nació un hombre, un judío común al que nombraron Jesús. Lo menciono de forma aclaratoria por aquellos que fanatizados en la apoteosis de Jesucristo, llegan a suponer que con su nacimiento inició la creación del mundo…

Sin perder de vista que, atendiendo al rigor histórico, es igualmente probable que Jesús ni siquiera haya existido, pues no existe evidencia antropológica que permita verificar su existencia, es decir que mientras vivía, no alcanzó una relevancia suficiente para ser registrado en los trabajos históricos formales, además que sus propios biógrafos jamás lo conocieron.

Cabe destacar que el propio Juan "el bautista" quien en los textos devotos es señalado como "precursor y anunciador de la gloriosa venida de Jesús", es más conocido que Jesús en los textos históricos formales y se sabe que fue asesinado por Herodes Antipas por temor a que provocase una insurrección.

Pudiendo entonces solo suponerse, en cuanto a Jesús, que fue un predicador judío que vivió a comienzos del siglo I en las regiones de Galilea y Judea y que fue crucificado en Jerusalén en torno al año 30, bajo el gobierno de Poncio Pilato. Y nada más.

El grueso del registro sobre Jesús se encuentra en los textos doctrinales de la tradición cristiana, los llamados evangelios (escritos entre los años 80 y 300 después de su muerte) y lo que ellos dicen, tiene obvias intenciones apologéticas pretendiendo divinizar su imagen, sin llegar siquiera a ponerse de acuerdo en los hechos más simples que relatan.

No obstante, resulta también sensata la interpretación que sugiere que Jesús, siendo un judío descendiente de la línea de David (de sangre real entre los judíos), debiera haber considerado que por derecho propio podía reclamar el trono de Israel, y entonces organizara y asumiera el liderazgo de un movimiento de rebelión contra Roma; y que apoyado en una visión religiosa, exaltara entre la población una doctrina revolucionaria, ganando así adherencia a su movimiento, haciéndolo cada vez más fuerte y significativo.

Desde esta perspectiva, existen ciertamente motivos para admirar a Jesús, ya que bajo condiciones claramente desfavorables, tuvo el aplomo de enfrentar al entonces poder supremo sobre la tierra, que era Roma, teniendo que oponerse además a la ideología social imperante.

Es asimismo muy probable que Jesús haya sido hijo de Judas "el Galileo", registrado históricamente como un líder guerrillero Zelota y conductor de la llamada "revolución del censo".

Los Zelotas eran grupos de guerrilleros judíos -cuya identidad ha sido casi borrada de los registros históricos oficiales-, reclutados para ofrecer resistencia a la dominación romana desde que esta tomara lugar. Su forma de operar era mantenerse ocultos en las montañas y bajar eventualmente a los poblados para, por sorpresa robar los tributos o impuestos que el pueblo judío pagaba a Roma.

Esto explicaría -por legado familiar- el papel asumido por Jesús, quien poseía un liderazgo innato y amplia simpatía entre los judíos. Se puede comprobar en los escritos evangélicos que ellos según sus posibilidades y de forma clandestina, colaboraban con su proyecto y que; si Jesús hubiese cumplido su cometido, se habría adjudicado efectivamente el título de "Mesías" ante su pueblo; sin embargo, falló en su intento y fue sometido por la milicia romana.

Y hubo en los diversos sitios ocupados por el imperio Romano, bastantes casos similares al de Jesús, incluso de mujeres como "Boudica", reina guerrera de los Icenos, en las regiones celtas de la Britania romana, aproximadamente en el 60 D. C. Que acaudilló a varias tribus britanas y produjo el mayor levantamiento contra la ocupación romana durante el reinado de Nerón.

Durante su gestión (predicación), Jesús ya había logrado conjuntar un nutrido grupo guerrillero anhelante de ese cambio social. Situación que se evidencia en los registros evangélicos que señalan que para la captura de Jesús en Getsemaní, fue necesaria la intervención de una "Cohorte" romana (Juan: 18, 3), la cual -revela la historia- debía estar integrada por 600 soldados romanos más 200 soldados de la milicia del Sanedrín; asimismo es de suponerse que la confrontación debió haber sido una fiera batalla.

Pero Jesús fue finalmente capturado y condenado a muerte en la cruz, como correspondía aplicar a los culpables de sedición, de conformidad con la ley romana entonces vigente.

No pudo haber sido condenado por blasfemia -como lo pregona el mito cristiano- pues a Roma no le habría inquietado en lo más mínimo un líder religioso; pero sí uno político subversivo. Tampoco pudieron ser los judío quienes promovieron su ejecución pues en tal caso el Sanedrín judío contaba con plena delegación de autoridad para asignar castigo a judíos que incurrieran en crímenes de carácter religioso; entonces Jesús habría sido "lapidado" conforme al precepto de la tradición judía.

Muerto Jesús; sin embargo, la rebelión popular contra roma no se extinguió y se desencadenaron una serie de persecuciones de Roma en contra de los subversivos grupos de judíos mesiánicos restantes, situación que culminó con la revolución definitiva a fines de los años 60´s -liderada por Menahem, sobrino de Jesús-, y la catástrofe del año 70, con la cual se provoca el derrocamiento judío, la destrucción de Jerusalén y su templo, y la consecuente diáspora judía.

Por lo demás, el Jesús que aun asoma en pasajes aislados y ciertamente descuidados durante las depuraciones de los evangelios del nuevo testamento, no exhibe sino características muy humanas y poco digno de una naturaleza divina.

Si lo vemos con detenimiento y objetividad se describe a un personaje lleno de imperfecciones, inclusive con rasgos de personalidad deplorables, los cuales hacen ver que no hay un modelo de virtud ni de divinidad en él, y que son incongruentes con su supuesto amor altruista y su pretendida gestión por la justicia:

En Mateo: 10, 5 y 15, 21-26; se revela que es sectario y discriminatorio, cuando niega ayuda y menosprecia a una mujer cananea -por ser mujer y además no judía-, aclarando de paso, que la "obra" que él lleva a cabo, solo tiene que ver con el pueblo judío, por lo que no puede ser para la humanidad entera.

En Lucas: 11, 23; Juan: 15, 6 y 3, 18; se manifiesta celoso e intolerante, "El que no está conmigo está contra mí..."; "Al que no permanece en mí, lo tiran y se seca y como a las ramas, se echa al fuego y se quema"; "El que no cree en mí ya es condenado"

En Mateo: 21, 19; se revela colérico y rencoroso, cuando maldice y destruye a una higuera por no tener fruto cuando él, que pasaba por ahí, estaba hambriento.

En Juan: 7, 19-20; Mateo: 10, 34-36; Lucas: 9, 60 y 14, 25; se exhibe paranoico y disparatado: "¿por qué quieren matarme?, ¿quién dijo que queremos matarte?"; "no he venido a traer paz, sino a enfrentar a la gente contra gente..."; "Dejad que los muertos entierren a sus muertos..."; "Si alguien viene a mí y no aborrece a su padre y a su madre ...no puede ser mi discípulo"

Y en todas las anteriores no tenemos por qué inventar explicaciones doctrinales sofisticadas. Se trata de llana imperfección humana.

En Juan: 7, 2-5 y Marco: 3, 21-22; se observa que su propia familia dudaba de su gestión y hasta pensaban que había perdido el juicio.

Por otro lado, en sus parábolas sobre el "reino de los cielos" Lucas: 19, 12-13 y Mateo 13: 27; menciona, de manera reiterativa, como lo más normal y natural, las condiciones de esclavitud. Asimismo ocurre (Mateo: 22, 4; Lucas: 15, 22-23) con la práctica de los rituales de sacrificios de animales, durante su convivencia y celebraciones en ese "reino divino".

La final constatación de todo lo anterior se hace presente en Mateo: 5, 17; al afirmar Jesús que "no vine a proscribir la ley ni a los profetas", lo que implica que respeta los primitivos preceptos judíos, junto con sus rituales y tradiciones; la esclavitud la degradación de la mujer, las lapidaciones a pecadores, el odio a pueblos gentiles, los sacrificios de animales, etc. **Es decir, nunca censura la esclavitud, la misoginia, la xenofobia, ni nunca muestra compasión por los animales.**

Podemos entonces concluir -atendiendo a las características descritas previamente sobre Jehová y al mito oficial que los vincula- que ¡de tal padre tal hijo!

Los intentos por lograr la apoteosis de la imagen de Jesús son por demás absurdos y estrictamente tendrían que ser estériles. Los "milagros" que se le atribuyen no se enfocan a resolver problemas sociales de fondo, sino al exhibicionismo inútil: un hombre no puede nacer de virgen, caminar sobre agua, resucitar muertos, etc. pero además no hay razón práctica para hacerlo. Un dios no necesitaría realizar de forma caprichosa y repentina cosas que violenten a su propio designio expresado en la naturaleza, solo para alardear de su poder ante el hombre.

Y el colmo es que, siendo una "encarnación divina" y capaz de dominar las fuerzas de la naturaleza; no obstante, se somete mansamente a las fuerzas de los hombres bajo pretexto de una misión suicida de naturaleza divina.

En suma, resulta bastante curioso que todas aquellas virtudes atribuidas tradicionalmente a la imagen de Jesús, de hecho, ni siquiera estén plasmadas y soportadas en los documentos doctrinales (los evangelios) -mucho menos en registros históricos formales-; es decir, la imagen actual de Jesucristo resulta ser más bien, una figura imaginativa creada por la tradición occidental, en la que se han venido depositando las características más románticas e idealizadas de la aspiración humana.

SAULO-PABLO, IDEADOR DEL CRISTIANISMO MÍSTICO

Cuando el mesianismo revolucionario, tras la caída de Jesús, queda en la confusión doctrinal, aparece un personaje singular que se infiltra entre la dirigencia del movimiento mesiánico, e inicia un proceso de tergiversación de la doctrina. Un personaje epónimo en quien los evangelios canónicos (oficiales) terminaron amalgamando a un líder y expositor del cristianismo: Saulo-Pablo, quien en los evangelios se manifiesta, unas veces como un helenista anti-judaico y en otras como un rabino judío. El rastro histórico formal; sin embargo, lo revela de origen Idumeo, inicialmente al mando de un cuerpo especial de policía y comisionado a la persecución de judíos mesiánicos. Se sabe además que se trataba de un personaje cruel y siempre dispuesto a oprimir a los débiles.

En algún momento, al parecer, concibió la brillante idea de dejar de perseguir a la población exaltada y, en su lugar, asumir él mismo el control ideológico de la doctrina para conducir a los adeptos de manera conveniente, **además de ubicarse en un sitio de privilegio dentro de ese movimiento social que ganaba poder, para exaltar su propia figura**. Se conoce que en un primer intento de infiltración, llegó a chocar en ideales con los jefes Zelotas –los discípulos de Jesús-, y que fue expulsado en virtud de que él rechazaba cualquier tentativa revolucionaria y sugería el sometimiento a la autoridad romana, desvirtuando la intención original del movimiento.

Sin embargo, los acontecimientos sociales posteriores -en particular la catástrofe del año 70-, permitieron rehabilitar la figura de Pablo y, una vez que los genuinos líderes zelotas fueran ajusticiados por las fuerzas de Roma y la población nuevamente sometida, él y su creación ideológica asumieron plena autoridad, primero entre los gentiles (ignorantes, ajenos al sentido original mesiánico y fácilmente corruptibles), luego fusionando a los restos dispersos y debilitados de la población mesiánica subsistente. En adelante su doctrina ya no encontró obstáculos ni oposición.

De este modo la doctrina paulina, "el Cristianismo" propiamente dicho, al inventar la idea del sacrificio redentor de Jesús, transformaba la imagen del Jesús histórico, de humano corriente -y cuyo propósito consistió en liberar al pueblo judío del yugo romano-; a una encarnación divina, con la sublime misión de salvar a la humanidad entera del peso del pecado y de la instigación de las fuerzas del mal. Fuerzas del mal, doctrinales y místicas que, por cierto, ya nada tenían que ver con el poder romano. Le asigna también, a partir de entonces, el mote de origen griego "el Cristo", equivalente al de "Mesías" judío.

Y como consecuencia, re-orientaba la intención original del mesianismo revolucionario judío, hacia una postura más bien especulativa, enfocándola hacia una esperanza metafísica y desviando su agresión original hacia canales de manifestación socialmente inofensivos. Esto le valió a Pablo el congraciarse con el poder de Roma.

Por otro lado, y quizás sin proponérselo, la cristología de Pablo, daba un carácter universal a la misión divina de Jesús y hacía de la doctrina la herramienta ideal que le preparaba a Roma el camino para un control ideológico social sobre la totalidad de los territorios subyugados, y quizás más allá, espacial y temporalmente.

Por lo demás, la doctrina paulina, es también una elocuente expositora y promotora de la esclavitud y de la misoginia:

Timoteo: 6, 1-2, "Los que están bajo el yugo de la servidumbre, consideren a sus amos como dignos de todo honor... y sírvanles mejor".

Timoteo: 2, 11-12, "La mujer, que aprenda con sosiego y con toda sumisión. No permito que la mujer enseñe ni suplante la autoridad del varón".

Además abundan en ella las contradicciones doctrinales, por ejemplo:

En algún momento señala que "cada uno recibirá su recompensa según sus obras" (Corintios: 3, 8); mientras que en otro dice que "el hombre se justifica por la fe y no por las obras" (Romanos: 3, 28)

Y el absurdo fundamental se hace manifiesto cuando Pablo trata de justificar su propia incursión en el cristianismo diciendo que fue llamado por el mismo Cristo para continuar su misión y; sin embargo, en otro momento afirma que la obra del Cristo alcanzó su culminación a través del sacrifico en la cruz... en cuyo caso Pablo sería un impostor y ya no tendría cabida. ¿o deberíamos entender acaso, que la obra de Pablo resulta más importante que la del propio Cristo?

Es por lo anterior que muchos investigadores identifican a Pablo como el creador de Cristo; y aun así es posible que Pablo mismo sea solamente una creación doctrinal atribuible a Marción, quien en su "Apostolikon" recopiló e hizo públicas la mayoría de las supuestas epístolas paulinas.

CONSTANTINO, ARQUITECTO DEL CRISTIANISMO INSTITUCIONALIZADO

Tiempo transcurrido y ya cuando la nueva doctrina "cristiana" paulina se había esparcido ampliamente por los territorios palestinos, alcanzando incluso a Roma por medio de los esclavos traídos desde aquellas tierras; toma el escenario un nuevo personaje que en adelante definiría el sentido social final para la doctrina.

Constantino "el Grande", emperador romano, quien para entonces había trasladado la capital del imperio a Bizancio, asignándole el nombre de Constantinopla, y que habiendo recién obtenido una importante victoria militar sobre Majencio, se agenció la regencia sobre los territorios aledaños a Roma, viéndose forzado a "tolerar" el cristianismo dentro de su imperio. Sin embargo, al percatarse, tanto de la amplia adherencia social, como de los efectos sociales ampliamente favorables que esa práctica popular le redituaban al estado; y en un impulso de verdadera inspiración divina, decide adoptarla como instrumento del estado para, a través de ella, legitimarse ante el pueblo y al mismo tiempo facilitarse la dominación del mismo.

Así que convoca a las autoridades doctrinales y del estado a un concilio en el año 325 (el concilio de Nicea), para promover su institucionalización: tomarla bajo control, establecer una doctrina sistemática formal de sometimiento para la feligresía (re-definiendo una vez más la doctrina cristiana), y crear la institución que tomaría desde ese momento las riendas absolutas de su manejo, la iglesia Católica.

Este concilio, junto con el edicto de Milán (313) -dice la historia oficial- significaron el fin de las persecuciones a cristianos y la conversión de Constantino a la fe cristiana; pero en realidad significó la certificación y el manejo de la doctrina cristiana por parte del estado romano, como instrumento de dominio ideológico para el control social.

El cristianismo no nació siendo una doctrina de estado, sino del pueblo judío, así que no fue institucionalizado sino hasta su adopción por parte de Constantino, pasando entonces de haber sido una doctrina revolucionaria popular, a una herramienta convencional del estado.

Y nótese que la supuesta persecución de cristianos por estas épocas ya no tenía sentido pues el cristianismo que entonces se practicaba entre la población era la enajenada y pacífica doctrina paulina. Los mártires sacrificados fueron los anteriores grupos mesiánicos.

Durante el concilio se concibieron y establecieron las características más convenientes para la doctrina religiosa, para las prácticas sociales y para la estructura institucional. Entre las características para la doctrina, es de destacarse que:

a. Primero había que divinizar definitivamente la imagen de Jesús. Así que lo hicieron ostentar una naturaleza consubstancial a la del creador mediante la fórmula trinitaria (un dios único dividido en tres manifestaciones)

Es decir, el plan concebido toma como base el mito religioso judío -cuya eficacia estaba ampliamente constatada-. Consistió entonces en dar continuidad a esa percepción de un dios que establece constantes convenios con su pueblo, como fue a través de: Noé, Abraham, Jacob y Moisés, señalando; sin embargo, la gestión y el sacrificio de Jesús como el convenio definitivo y universal, ya no solamente circunscrito al pueblo judío sino para con la humanidad entera.

Así construyen en torno a él, un sincretismo con elementos míticos y rituales de otras tradiciones que habían sido también recopiladas y asimiladas al helenismo.

b. Había que reforzar la idea de la obra consumada del Cristo -para no dejar cabos sueltos-. Así que señalaron el sacrificio en la cruz como el evento culminante y agregaron los relatos de la resurrección como signo triunfal de esa consumación.

Sin embargo, la idea de la resurrección fue vaga y vacilante, y esa condición se ve reflejada en las narraciones correspondientes, resultando ser las más confusas e imprecisas de los evangelios. Se describen tímidas y hasta clandestinas apariciones del Cristo resucitado; cuando un acontecimiento de tal importancia debería haber sido pregonado a los cuatro vientos. Además, si postulan que Jesús resucito en la Carne, entonces ¿Qué fue de él? Y si ascendió al cielo ¿A dónde y para qué?

c. También había que exonerar, en los relatos de los textos sagrados a Roma, el poder social imperante, de la culpabilidad por la muerte terrenal de esa "encarnación divina" y entonces decidieron adjudicársela al propio pueblo judío.

Así crearon la trama histórica de la acusación por blasfemia y la persecución por parte del Sanedrín.

d. Finalmente había que justificar de manera formal, el nacimiento y el papel de la institución católica (ya que Jesús no instituyo ninguna iglesia); Así que interpolaron los "Hechos de los apóstoles" donde se señala a la iglesia como heredera de la obra del Cristo y delegada terrenal de la autoridad divina.

La tarea global descrita, fue encomendada a un grupo de monjes copistas anónimos, quienes tuvieron que, a partir de documentos dispersos, imprecisos y devotos, así como de una vaga trama histórica de base; recrear la historia e incrustar el mito dentro de los evangelios; maquillando y depurando los textos originales para así darle cuerpo a los propósitos planeados y consolidar la nueva doctrina.

Asimismo, una vez concluidos los nuevos y depurados textos evangélicos -la versión bíblica oficial, conocida como "vulgata"- (oficializados en el concilio de Cartago del año 397), se procedió a realizar, a lo largo y ancho de los territorios del reino romano, una recolección de cuanto documento evangélico original pudiera aun existir, para destruirlos y dejar en su lugar copias del oficial, junto con las disposiciones y lineamientos establecidos por la nueva y flamante institución conductora. Tal era la importancia de esta empresa, que se emprendió también, de forma paralela, la tarea de identificar documentos formales de historiadores serios -que pudieran dar cuenta del fraude-, para maquillarlos, depurarlos o destruirlos.

Como lo hace notar Aníbal Ponce (pedagogo e idealista): la ideología del poder dominante, debe destruir ideologías rivales y proscribir la emergencia de otras que pudieran serlo. Y hay que tener presente que el largo periodo de domino social de la institución durante la edad media, fue más que suficiente para hacer efectivos esos propósitos.

Es de suponerse; sin embargo, que al decidir conectar su nueva creación mítica-doctrinal cristiana (los evangelios del nuevo testamento), con los textos sagrados de la tradición religiosa de los hebreos "la Tora" (bautizada como el antiguo testamento), tuvieron que arreglar conexiones entre ambos documentos, las cuales al final, resultaron artificiosas e impertinentes.

Hay que tener presente que para estos momentos, los monjes copistas estaban alejados, no solo en tiempo y en espacio, sino también en lenguaje y tradición, de la vida del Jesús histórico; por lo que en este intento de vinculación de las dos doctrinas (cristiana y judía) y siendo ellos ignorantes de la esencia filosofal y de la tradición religiosa judía, se verificó más bien, un definitivo rompimiento doctrinal entre ambas y al mismo tiempo, **quedaron expuestas grandes inconsistencias y absurdos -que ahora denuncian su origen humano y naturaleza profana-**

Por ejemplo, un dato interesante es que los textos de la Tora eran solamente un registro parcial del saber de iniciación de la tradición sacerdotal judía, que para su interpretación requerían de otra parte que se transfería de generación en generación de forma oral (la Cábala); entonces al adoptar solamente la Tora, la Biblia cristiana quedó desprovista del significado original.

Entre las diferencias doctrinales entre judaísmo y cristianismo, hay dos que será importante tener presentes para los estudios que se presentan más adelante en este tratado:

- El judaísmo niega la divinidad de Jesús porque es incompatible con su concepción monoteísta de dios. La idea de una encarnación de la divinidad viene más bien de la tradición hindú.

- Los judíos no aspiraban a conocer el "reino de dios"; sino que esperaban recibir bienaventuranzas materiales para su vida terrenal.

EN ESTE CAPITULO,

REALIZO UN RECUENTO DE LOS DEPLORABLES ACONTECIMIENTOS QUE TUVIERON LUGAR DURANTE EL LARGO PERIODO HISTÓRICO DE LA EDAD MEDIA, EN EL QUE LA IGLESIA OSTENTÓ -EN BASE A LA AUTORIDAD TEOCRÁTICA-UNA DOMINACIÓN SOCIAL HEGEMÓNICA EN EUROPA.

LOS INTERESES Y PRETEXTOS QUE MOTIVARON UN EXTENSO EXPEDIENTE DE GENOCIDIOS; HASTA EL MOMENTO EN QUE -10 SIGLOS DESPUÉS- EL DOMINIO SOCIAL DE PARTE DEL ESTADO, VOLVIÓ A ASUMIR LAS FORMAS CONVENCIONALES.

«UNA VEZ QUE ALGUIEN GOBIERNA EN EL NOMBRE DE DIOS, LOS GOBERNADOS VIVEN UN INFIERNO», Moammar Al-Qadaffi

«¡MATAD A TODOS! QUE LUEGO DIOS DISTINGUIRA A LOS SUYOS (EN EL CIELO)», Representante del sumo Pontífice en las Cruzadas Europeas

«TODOS SON CULPABLES, MIENTRAS QUE NO SE PRUEBE LO CONTRARIO», Principio operativo Inquisitorial

Capítulo 3

DESDE QUE DIOS RIGE AL MUNDO

LA INSTITUCION ASUME DELEGACION DIVINA

Posteriormente, y debido a la progresiva derrota militar que a manos de hordas de grupos bárbaros germánicos, iba sufriendo el imperio romano en los territorios tributarios; acompañada de la decadencia política, económica y social que estaba experimentando en su sede; La Iglesia por su parte, actuando de manera autónoma, fue madurando su dominio ideológico y adjudicándose un poder político-social efectivo y, siendo heredera directa de las formas y aspiraciones del imperio romano, llegó a establecer un nuevo gran imperio, que olvidaba las estructuras legislativas que su antecesor había desarrollado y daba paso a la sumisión de la razón y de la voluntad social, bajo un principio de autoridad teocrática; sugiriendo que si dios dirige la historia, su delegada la iglesia, y su cabeza el papa, deberían detentar también el poder terrenal formal.

LA EDAD MEDIA

Comienza entonces un largo y oscuro proceso histórico que duraría casi 10 siglos (del V al XV). En el marco del florecimiento de las monarquías feudales en Europa, la iglesia Católica emprendió a su vez, la creación de ciudades-estado episcopales, regidas desde monasterios, y donde se explotaba el trabajo de la población súbdita; desarrolló negocios como la intermediación mercantil y la usura, haciéndose proveedor y prestamista de las monarquías vecinas, construyéndose así una creciente prosperidad económica y poderío político; absorbiendo gradualmente las propiedades de esas monarquías y ensanchando su dominio territorial.

Asimismo desarrolló avanzadas técnicas de espionaje y terrorismo en pos de la protección y ensanchamiento de sus riquezas.

De modo que al cabo de un tiempo razonable, se había construido un poder económico, político y social hegemónico en prácticamente toda Europa, a la par que seguía trabajando en alcanzar un dominio ideológico total mediante los trabajos de ideólogos como Agustín, obispo de Hipona, quien haciendo una adaptación de la filosofía platónico-aristotélica, creo un instrumento teológico-filosófico al que se denominó "la Escolástica", que fue el nacimiento formal de la "Teología" y que se utilizó como base pedagógica en las tareas de adoctrinamiento social durante la época.

¡Solo hay que imaginar lo que es ostentar un poder social avalado por el mismo dios...! Pronto empezaron a aparecer manifestaciones de tiranía nunca antes vistas.

LAS CRUZADAS

Durante esta época y gracias a la preeminencia de su doctrina en el subconsciente social, así como a una íntima invasión de la vida de las personas con motivación religiosa (imponiendo instrumentos como "la confesión"), la iglesia inicia también el importante nuevo negocio de la explotación de la fe, mediante la administración y venta de indulgencias (después de señalar que todo mundo es pecador y por tanto deudor y habiendo creado el concepto conciliatorio del "purgatorio" desde donde las almas aun podían ser rescatadas); de fetiches (que iniciara formalmente la madre de Constantino, "santa Helena", y que incluía en su repertorio desde trozos de madera de la cruz de Cristo, espinas de su corona, plumas de alas del arcángel Gabriel, prepucios de la circuncisión del niño Jesús, sangre menstrual de la virgen, etc., etc.); así como mediante la **promoción de peregrinaciones a "tierra santa"**.

Negocio, éste último, que se presentaba muy promisorio desde diversas perspectivas, pero que demandaba que la iglesia tuviera un control completo, tanto de las rutas de peregrinaje entre Europa y Palestina, como de los propios lugares sagrados de culto a visitar.

Así que la iglesia se aprestó a la formación de ejércitos con la encomienda de recuperar "tierra santa" para la cristiandad. Ejércitos a los que se denominó "Cruzados" y cuyo cuerpo especializado gestor de las estrategias militares fueron los "Templarios". Las batallas cruzadas significaron la masacre de numerosos musulmanes y judíos de las regiones palestinas, el saqueo de sus riquezas y la puesta en marcha del próspero negocio que la iglesia había planeado.

Es importante destacar que los "cruzados" reclutados recibían beneficios nada despreciables de parte de la iglesia: la indulgencia plenaria, la condonación de sus deudas con la iglesia, y además la posibilidad de adjudicarse tierras o posesiones confiscadas a los "enemigos", de modo que el hacerse cruzado se convirtió entonces en un modo seguro de enriquecimiento y también de cometer abusos impunemente, y por ende, en la profesión más cotizada. Los ejércitos cruzados crecieron rápidamente y alcanzaron gran poderío; mientras que los

Templarios -sus dirigentes-, llegaron a convertirse en una entidad política con poder autónomo, comparable y que empezaba a rivalizar con el del propio Vaticano. Se les atribuye la creación de la práctica bancaria formal.

Al parecer también sucedió que muchos de los cruzados que regresaban de la conquista de tierra santa, Albigenses y Valdenses entre ellos, habiendo conocido versiones y documentos de primera mano sobre el primitivo cristianismo, pudieron identificar y señalar farsas y abusos de la institución católica, principalmente su opulencia y su poder, censurándolos como contrarios al ejemplo de Cristo. Dando así forma a las primeras manifestaciones de rebeldía contra ella.

Fue esa la causa de que la iglesia organizara entonces la persecución sistemática de los diferentes grupos insubordinados. Empezó enviando órdenes de misioneros como la de San Benito y la de Domingo de Guzmán; pero resultando ineficaces, el papa Inocencio III, terminó convocando a una nueva cruzada (ahora domestica) contra ellos en 1208. Congregó un ejército de 500,000 hombres que capitaneados por el duque de Borgoña y el duque de Mortfort marcharon a los sitios infectados de "herejía" e iniciaron lo que se convertiría en la matanza de aproximadamente 600,000 personas, entre las que se contaban niños, mujeres y ancianos -en apego a la tristemente célebre orden del representante del sumo pontífice: "matad a todos que ya dios distinguirá a los suyos..."- y continuaron sus campañas hasta consumar el exterminio rebelde, en el año 1253.

Finalmente y como golpe maestro, en la célebre fecha del martes 13 de octubre de 1307, se lleva a efecto, de manera sorpresiva y canalla, (conforme al plan de la iglesia en complicidad con el rey de Francia) la captura y eliminación de los líderes templarios de toda Europa, incluyendo a su dirigente Jacques de Molay, quien fue sometido a juicio y condenado a muerte. Es justo señalar que para entonces ambos, iglesia y gobierno francés figuraban entre los principales deudores de los templarios.

LA INQUISICION

La prueba contundente de la estupidez humana en la práctica religiosa es la inquisición.

Después de tan convulsivos acontecimientos, la iglesia no podía permitirse la eventual emergencia de nuevos brotes de rebeldía y tomo la precaución de no esperar sino actuar de forma preventiva, así que en un arranque de paranoia, emprendió la más monstruosa y abominable de sus empresas, "la inquisición".

Es iniciada como un tribunal independiente en manos de los dominicos, cuyo cometido consistía en recorrer los territorios europeos para detectar herejías y castigarlas -o más bien exterminarlas-, de manera oportuna. Posteriormente cada obispo de forma local, tomo por su cuenta la ejecución de tales disposiciones.

Se establecieron las bases y estatutos de la inquisición, promovidas por Inocencio IV; creando el tribunal de la Inquisición o "santo oficio" y definiendo los conceptos de su expediente doctrinal que habrían de servir como marco ideológico dictatorial para sancionar y acaso condenar a la población insubordinada, y se autorizó el uso de la tortura.

Se definió como "ortodoxia" a todas aquellas prácticas sociales que se estimaban conformes con el dogma; y como "herejía" a todas aquellas manifestaciones de rebeldía. Se censuraba con la misma severidad cualquier acto que representara una desobediencia, ya fuera contra "dios" o contra la autoridad combinada iglesia-estado.

Los conceptos de hechicería, adoración al demonio, misas negras y demás alucinaciones, eran asignados a toda aquella manifestación de ciencia, que se desarrollaba de forma clandestina, o bien de rebeldía, siendo ambas ferozmente perseguidas por la institución. En última instancia esos conceptos servían como pretexto para establecer las condenas.

Asimismo se establecieron los procedimientos para sancionar y ejecutar las sanguinarias y arteras represiones con las que serían ajusticiados los "sospechosos"; señalando como lo más adecuado y saludable, su exterminio; anteponiendo su radical pretexto: "**Destrozar los cuerpos para salvar las almas**". Y se llegó al ridículo de crear una guía para identificar, procesar y exterminar a las "brujas"; el "Malleus Maleficarum" (o martillo de brujas), escrito por Heinrich Kramer y James Sprenger, que se convirtió en el manual más completo y detallado para torturar y denigrar a las mujeres acusadas de brujas.

En la práctica, su método aberrante de operación partía de suponer que todos eran culpables, mientras que no se probara lo contrario. Se sometía a los indiciados a un interrogatorio acompañado de las más crueles torturas y vejaciones (usando instrumentos, cuya creación revela un inspirado sadismo), triturando huesos, desgarrando carne, asfixiando, quemando, aplastando o destrozando órganos, etc.; para forzarlos a confesar sus faltas. Cuando confesaban y se declaraban arrepentidos, se procedía a confiscarles sus bienes y a otorgarles una especie de "libertad condicional". Si se negaban a confesar, las torturas se iban haciendo cada vez más severas, y los indiciados, la mayoría de las veces, morían en el proceso. Cuando se declaraban culpables sin arrepentimiento, se les consideraba "recalcitrantes" y se les entregaba al "brazo secular" (al estado o autoridad civil), para ser quemados vivos en una hoguera improvisada en alguna plaza pública, para escarmiento de la población.

Así como a los cruzados se les condonaban las deudas y se les otorgaba indulgencia plenaria, así se les premiaba ahora a los delatores; de este modo se le hacía vivir a la población un clima de permanente sospecha y temor generalizados.

Las características del proceso, convirtieron a la inquisición, en un instrumento muy apropiado para todo tipo de abusos contra la población, sirviendo no solo a la iglesia y al estado sino también a una amplia diversidad de intereses personales o gremiales. En España, por ejemplo, fue impuesta a partir de 1478 por los reyes católicos Isabel y Fernando y comisionada a Torquemada, con el propósito de perseguir y exterminar a los judíos, consiguiendo mandar a muchos a la hoguera (alrededor de 30,000 por lapso de 11 años) y obteniendo finalmente la venia papal para expulsarlos de España en 1492.

En muchos otros casos sirvió simplemente para que delatores anónimos lanzaran contra sus enemigos las temidas calamidades de la inquisición.

En fin, durante alrededor de 300 años, la inquisición cobró cientos de millares de vidas a lo largo y ancho de Europa; de entre las cuales -dato por demás vergonzante para la humanidad- una inmensa mayoría fueron mujeres; llevando a su expresión más extrema la misoginia doctrinal institucional. Otro tanto lo componían librepensadores y escépticos, que en su momento, incomodaron e hicieron peligrar el poder de la iglesia.

¿Ha tenido el lector la oportunidad de sentir la experiencia que provoca el asistir a una exhibición de los instrumentos de tortura usados en la inquisición?

Los registros documentales escritos que dan cuenta de los pasajes históricos correspondientes a la edad media y a la inquisición son por lo regular, testimonios inertes, frívolos y casi siempre acompañados por voces oficialistas, que nublan el entendimiento y que escasamente nos permiten entender y asimilar la crudeza, el salvajismo y la naturaleza aberrante del proceder de la autoridad social que en ellos se manifiesta; máxime cuando estamos tan acostumbrados a contemplar los acontecimientos históricos como algo irreal y ajeno y a desdeñarlos porque no nos tocó vivirlos en carne propia.

He aquí la importancia de la experiencia presencial que una exposición puede ofrecer. No es mi intención exaltar el sentimentalismo sino que gracias a ella podemos evocar el escenario completo, las condiciones y circunstancias bajo las cuales se llevó a cabo; e imaginar vívidamente, tanto los sufrimientos infringidos a las numerosas víctimas, como la crueldad y el sadismo de las autoridades que las inventaron para reprimir y asesinar al pueblo.

Y es que la inquisición fue muy real y perduró por mucho tiempo, y lo más grave es que el veneno doctrinal que le dio vida, aún permanece alojado en nuestro subconsciente social.

Es en verdad alarmante constatar cómo, ante estos acontecimientos históricos, el débil e ignorante subconsciente social, no ha alcanzado a superar el dogma inculcado y, en el mejor de los casos, solo alcanzan a visualizar que "aquello no estuvo del todo bien"; pero es casi seguro que lo considerarán justificado y hasta avalado por dios, bajo el supuesto de que fue llevado a cabo contra perversas brujas, adoradoras de Satanás, como un castigo por su mal comportamiento. Hasta le siguen llamando "santa inquisición".

Solo hay que observar el consenso social sobre el sentido peyorativo con que se emplean cotidianamente palabras y conceptos como: "bruja", "hechizo", "pagano", "hereje", "demonio"; incluso "ateo", "desobediente", "rebelde", "escéptico", etc. todos ellos abundantemente censurados mediante reiterativas publicaciones, de parte de la sofisticada infraestructura propagandística católica, en la forma de: cuentos infantiles; películas de terror con temas como vampiros, fantasmas, exorcismos, sucesos apocalípticos, etc.

…Que si los vampiros o lobos ven la cruz o son tocados por agua bendita son repelidos, o que no pueden entrar a la "casa de dios". Que gente muerta, al no haber saldado sus cuentas en vida, no encuentran su camino al cielo y su "alma" permanece próxima a los lugares de su vida, sufriendo en una especie de purgatorio. Y es tal el arraigo de la tradición, que la mente popular lo ve natural y ni siquiera nota la relación.

El dogma inculcado se ha convertido en poderoso prejuicio que nos predispone a asumir una actitud condenatoria y a ponernos en el papel de jueces y potenciales verdugos de todo aquello que desconocemos y a lo que por tanto tememos.

Y disculpen la agresividad; pero creo oportuno el momento de Cuestionar al lector ¿condenarías a alguien por que te dicen que es adorador de satanás, o justificarías que lo ejecutasen por esa causa?

Pero, ¿contra quién fue llevada a cabo realmente la inquisición? Ya se dijo que simplemente contra la población rebelde, quienes no aceptaban el engaño y hacían difícil su explotación, o que incluso podían diseminar entre la población el virus de la insubordinación; constituyéndose en un estorbo para el poder reinante que era la iglesia católica.

No se trató de una lucha contra el demonio (que no existe); sino una artera campaña de represión criminal contra el pueblo. Matar a un hombre no significa defender un ideal o la dignidad de dios, es simplemente un crimen. Y es lamentable que esa genocida institución sigue existiendo y ostentando liderazgo moral y, no habiendo mecanismos jurídicos que sancionen y puedan condenar a una institución, sus crímenes han permanecido impunes.

No es la presunta adoración al demonio, de parte del pueblo, lo dañino y censurable; sino la creación de ese concepto y su utilización para justificar la represión y el crimen contra la población, de parte de la institución y el estado.

Y una vez más aparece aquí **la alarmante reflexión que corresponde: de entonces al presente, nada ha cambiado en esencia.** ¿Qué ocurre en nuestro tiempo a quienes estorban a los propósitos del poder?

Básicamente lo mismo que entonces, están condenados a su inminente exterminio; aunque bajo nuevas y más sofisticadas formas, utilizando nuevos recursos tecnológicos y logísticos. Y es también un hecho muy cotidiano y reiterativo en la historia del acontecer mundial que la represión contra el pueblo se sigue basando en la implantación del terror.

Por mencionar algunos casos: el del pueblo ruso bajo el poder judío bolchevique, durante y después de su revolución -descrita a detalle en el "archipiélago Gulag" de Alexandr Soljenitsin; La población judía bajo el régimen de la Alemania Nazi, ampliamente descrito, exagerado y anatematizado por parte de la prensa judía de la postguerra y por la propaganda de los "Aliados"; El pueblo civil japonés, con la detonación de las bombas atómicas por parte de Estados Unidos durante la segunda guerra mundial; El pueblo de Vietnam, por la artera incursión imperialista del ejército americano en su territorio; las indefensas poblaciones de Afganistán y de Irak, artera y cínicamente masacradas por la voracidad, primero de la Unión Soviética y después del moderno tirano mundial que es los Estados Unidos. Sin olvidar las numerosas masacres domésticas perpetradas por los gobiernos de los países sobre su población civil: sobre los estudiantes: en Tlaltelolco, México, en 1968 y en Tian-Anmen, China, en 1989; sobre los obreros, los mártires de Chicago; la huelga minera de Cananea; sobre campesinos en Guerrero, Oaxaca y Chiapas (en México); y un larguísimo etcétera.

Acontecimientos, todos ellos, que en su momento son arropados por versiones oficiales que intentan asignarles una connotación conveniente y una justificación para el estado; pero que tarde o temprano, el revisionismo desenmascara, exhibiendo los perversos intereses del poder detrás de ellos.

Recapitulando; cruzadas e inquisición fueron las expresiones medievales de las prácticas cotidianas del poder; exhibiendo la particular tiranía, crueldad e ingenio genocida desarrollados por la iglesia católica y a los que cínicamente maquilló como "guerras santas" y en última instancia, como "voluntad divina".

EL RENACIMIENTO Y LA REFORMA

Habiendo alcanzado el "oscurantismo" las manifestaciones extremas de represión social y decadencia del poder, hasta ahora descritas, la humanidad (europea) experimentó una urgente sacudida ideológica y social, caracterizada por el rechazo al dogma para encauzar el desarrollo social por vía de la ciencia; empezando a verificarse múltiples descubrimientos y desarrollos de la tecnología. Se acompañó también de una explosión de manifestaciones artísticas y literarias que reprobaban los principios teocráticos que hasta entonces habían prevalecido en el subconsciente social; exaltando ahora un cierto y saludable homo-centrismo.

Pero una vez más constatamos, con natural decepción, que ese despertar de la conciencia humana, alcanzo solamente a una reducida fracción de la población -la que se encausaba a tomar las riendas de la nueva sociedad- y en última instancia solo alcanzó a Europa. Y creo firmemente que ese largo periodo de dominación tiránica que la institución ejerció, dejo impreso en subconsciente de la humanidad, y genéticamente acarreado hasta nuestros días, un profundo temor.

Emergieron también corrientes de inconformidad y rebeldía al interior de la propia institución católica –lideradas, por Lutero en Alemania y por Calvino en Suiza-, las cuales desembocaron en el cisma conocido como "la Reforma" o "protestantismo". Por cierto, el conflicto entre católicos y protestantes, conocido como la guerra de los 30 años, significó la muerte de millares de personas en Alemania.

El desenlace objetivo del renacimiento fue que a la iglesia le fue retirado el poder y autoridad social que ostentaba, volviendo éste a las formas convencionales de las instituciones del estado. La humanidad se encauso entonces a la era de la "Revolución industrial", precursora del capitalismo. Es decir, la explotación del hombre por el hombre pasó ahora a basarse en los esquemas de la producción industrializada.

Sin embargo, en el renacimiento también empezaron a producirse los viajes expedicionarios desde Europa hacia el "nuevo mundo" en intención de colonización. Entonces las colonias en Asia, África y principalmente en América, se convirtieron en el mejor espacio para recrear los escenarios sociales "medievales" y otorgarle a la iglesia un poder social renovado, a expensas de destruir a las civilizaciones anfitrionas. Así que se exportó al nuevo mundo el remanente del oscurantismo con todo su veneno, es por ello que los países latinoamericanos somos los directos perjudicados y que el oscurantismo religioso, el dogma y la ignorancia, persistan por estas tierras, hasta nuestros días, arraigados en la mentalidad de una predominante porción de la población.

LA TEOLOGIA DE LA LIBERACION

Desde tiempos de la colonización de América, algunos de los misioneros católicos que acompañaban a los conquistadores, entre los que se cuenta a Bartolomé de las casas (en México), Antonio de Valdivieso (en Perú) y Antonio San Miguel (en el Salvador); en su momento, levantaron la voz en contra de la extrema opresión a que eran sometidos los indígenas a manos de los conquistadores. Bartolomé de las casas, por ejemplo, promueve la creación del consejo de indias, a través del cual se establece la abolición de la esclavitud en México.

Estas constituyen las primeras manifestaciones de un movimiento de rebeldía, originado en el interior de la iglesia y que lentamente se fue madurando hasta convertirse en una especie de reforma regional, donde un importante sector de la iglesia de América latina optó por abandonar su secular apoyo a las élites convencionales del poder y tomó partido activo en apoyo de los movimientos revolucionarios populares, privando de paso a los gobiernos locales del instrumento acostumbrado de dominación ideológica social.

Su comienzo formal se registra en 1986 en la segunda reunión de la OMTS en Perú; donde el teólogo Gabriel Gutiérrez hace una ponencia titulada "hacia la teología de la liberación", y se reafirma posteriormente en Medellín, en el segundo sínodo del CELAM, donde los participantes declaran que "el episcopado de América latina no puede permanecer indiferente ante las tremendas injusticias que mantienen a la mayoría de los pueblos latinoamericanos en una miseria inhumana".

En el aspecto doctrinal, se desencadena una abundante re-interpretación de la doctrina cristiana, defendiendo la perspectiva de que la lucha revolucionaria de Jesucristo fue en pos de la libertad y de la justicia para los desposeídos y de que la "salvación" religiosa conlleva la liberación socio-política.

Los teólogos de la liberación dijeron al pueblo que Jesús predicaba y practicaba la humildad mientras que la institución católica no lo hacía; decían de Jesús "que el hecho de haber sido condenado como blasfemo, comprueba que él desenmascaró la hipocresía religiosa; y que el haber muerto como criminal político comprueba su vocación libertadora"; **lo que no le dijeron al pueblo es que la historia de Jesús es creación de la propia institución.**

Se trató, en fin, de una noble perspectiva; pero surgida del interior de la iglesia y donde esos ministros pretendían conducir el cauce de la rebelión; además se mantenían vigentes muchos humos doctrinales, por lo que tarde o temprano alcanzaría su decadencia.

No obstante, el propio poder central del Vaticano tomo prontamente las provisiones para neutralizarla y, Juan Pablo II organizó la 3a conferencia general del CELAM en Puebla, México, con el claro propósito de proscribir ese movimiento, reprimiendo o destituyendo a sus ministros y re-alineando la doctrina hacia un concepto de liberación "más profundo" -según la autoridad vaticana-, "no política ni material, sino del pecado y de la maldad".

EN ESTA SECCIÓN,

REVISO LA PARTICIPACIÓN CONTEMPORÁNEA DE LA INSTITUCIÓN CATÓLICA EN EL CONTEXTO MUNDIAL. SU GESTIÓN SOCIAL Y POLÍTICA.

ANALIZO TAMBIÉN LA EMERGENCIA DE ORGANIZACIONES CRISTIANAS SECTARIAS; DESTACANDO SU ORIGEN DOCTRINAL COMÚN EN LA TEOLOGÍA TRADICIONAL, POR EL QUE EXPLOTAN EL MISMO NEGOCIO EN DIVERSAS FORMAS.

Y DENUNCIO LA EXPLOTACIÓN PSICOLÓGICA DE LA DOCTRINA CRISTIANA -DE PARTE DE LOS ESTADOS UNIDOS- PARA ADJUDICARSE, EN EL SUBCONSCIENTE SOCIAL MUNDIAL UNA POSICIÓN PREPONDERANTE Y PARA JUSTIFICAR SUS DETERMINACIONES POLÍTICAS Y SUS ACCIONES MILITARES.

GESTION CONTEMPORANEA DE LA INSTITUCION

No obstante su destitución del poder social formal; la iglesia, habiendo desarrollado durante la edad media gran habilidad y astucia social, además de haber desarrollado y mantenido importantes negocios; no fue exterminada; subsistió, y actuando como organismo autónomo, ha seguido estableciendo complicidades con los poderes del estado de cada nación, y muy particularmente, con las naciones dominantes del contexto mundial.

Vendiendo su estrategia de adoctrinamiento para servir de alcahueta a cada gobierno ante su respectiva población, y ofreciendo también sus servicios de espionaje e inteligencia para promover un apoyo político dirigido -gracias a que sus ministros actúan en estrecho contacto con la población-, facilitándole a los estados la tarea de dominación ideológica y recibiendo a cambio, además de un lógico subsidio económico, el libre ejercicio de un poder social equiparable al del estado mismo.

Así vemos que hoy en día, la iglesia católica es una arrogante institución, que explota a diestra y siniestra, el negocio de la fe en todas partes del mundo, sin fronteras ni restricciones aduanales.

Administrando su acostumbrado mercantilismo de indulgencias, de fetiches y de servicios religiosos (de amplio espectro); organizando y administrando procesiones y peregrinaciones a santuarios, a "tierra santa" y a la "santa sede"; así como las festividades regionales de un nutrido calendario santoral; Administrando también la certificación de milagrería y de santería, llegando al ridículo de crear comisiones parlamentarias "especializadas" para debatir la autenticidad de milagros y apariciones, así como para evaluar la virtud de candidatos a "beatificación" o "canonización".

Las "apariciones marianas", además de representar una jugosa fuente de ingresos, explotando la fe de los creyentes; han sido también utilizadas como bastión en estrategias políticas de orden internacional, apoyando por ejemplo, durante un tiempo, las campañas anticomunistas de los Estados Unidos.

La Iglesia es dueña de abundantes recursos materiales y económicos en todo el mundo, aunque se sigue manteniendo de la limosna; maneja varias instituciones bancarias e hipotecarias internacionales; posee policía secreta y cárceles clandestinas; posee y se sirve también de universidades e instituciones pseudocientíficas.

Dichas universidades han oficializado licenciaturas y hasta maestrías y doctorados en teología, con la pretensión de adjudicar a su doctrina -mediante sabotaje, claro está- el grado de ciencia. Promueven también congresos, conferencias, terapias familiares, etc. para mantener su infiltración en la intimidad de la vida social.

Las instituciones pseudocientíficas, por su parte, publican continuamente reportes sensacionalistas de supuestos estudios especializados, exaltando los "misterios religiosos" (apariciones, milagros, etc.) pretendiendo darles legitimidad y mantenerlos vigentes en el subconsciente social (con la complacencia del estado). Un ejemplo reciente fue el supuesto descubrimiento, realizado con ayuda de "poderosas" computadoras, del reflejo casi microscópico, de figuras de personas en los ojos de la imagen de la virgen de Guadalupe, señaladas como los personajes que en su momento presenciaron la divina aparición; sirviendo de pretexto al reforzamiento de la noción popular de la autenticidad de la advocación y de la procedencia divina del ayate. Espero que no sea necesario aclarar lo ridículo de tales afirmaciones, considerando que se trata de una pintura, que el ayate es un material áspero y que los "científicos" son solo acreditados por el Vaticano.

En fin, ambas dependencias trabajan persistentemente en avivar la superstición y el temor social, que han sido la base histórica del poder institucional.

La institución mantiene establecida en el orbe, la más formidable red internacional de espionaje, y ella es puesta al servicio del poder político reinante -actualmente los Estados Unidos-, trabajando activamente para implantar los decretos de alcance mundial de éstos.

Desde sus inicios la iglesia católica ha practicado la creación de cuerpos especializados de acción social: en la edad media los templarios, los cruzados y órdenes mendicantes como los dominicos; en el renacimiento los Jesuitas, que fueron un ejército de espionaje, equipado con las más sofisticadas armas de logística desarrolladas por la institución, con la misión de recuperar o retener para la iglesia cuanto fuese posible del poder que le estaba siendo retirado. De más reciente creación, han sido el "opus dei" y los "legionarios de Cristo" que han ideado formas ingeniosas para restituirle a la iglesia tanto el poder social como importantes ingresos económicos; pero que también han incurrido en excesos que le han acarreado descrédito e ignominia a la institución.

La injerencia de la institución en la política es persistente, interviniendo constantemente en las determinaciones del estado anfitrión (condición por demás evidenciada con la ubicación de las trincheras clericales, las catedrales, junto a los palacios de gobierno en los zócalos de las ciudades). En países subdesarrollados, por ejemplo, es tal la importancia de la convocatoria social que la iglesia ostenta, que puede polarizar de manera determinante las preferencias sociales durante los procesos electorales y entonces condicionar las decisiones gubernamentales según sus intereses.

Al concluir las elecciones presidenciales de 2006 en México, y habiendo triunfado el partido al que la iglesia otorgara su apoyo activo e incondicional, fue muy notorio y descarado como la autoridad eclesiástica prontamente se aprestó a demandar su retribución mediante exigir al gobierno, se instituyera en México la enseñanza del catecismo dentro de los planes de educación básica oficial; no obstante que la educación se declarara laica desde tiempos de Juárez (1870).

Y se hace obligada una seria reflexión sobre las implicaciones que una imposición como ésta significarían. Dejar a nuestra niñez en manos de esa voraz institución sería como ofrendarla al holocausto. Aparte de los riesgos de abusos sexuales, derivados de la convivencia con esa plaga de reprimidos y degenerados sexuales que conforman el ejército de ministros de la institución; la iglesia se recrearía moldeando a su antojo a esas ingenuas e indefensas mentes infantiles, haciendo de ellas lo que mejor les plazca, y preparando futuras generaciones sociales aún más enajenadas y sometidas. Sus vulnerables mentes serían víctimas de un severo conflicto psicológico al ser bombardeadas de información desde dos frentes ideológicos opuestos y bajo formas e intencionalidad también contrapuestas: la ciencia y la religión.

IGNOMINIA SOCIAL

La principal fuente actual de ignominia social para la iglesia es la *pederastia* practicada por sus ministros. Comportamiento que se origina en la exigencia de celibato que la propia institución impone a su ejército de ministros desde el principio de su formación académica.

La estructura institucional en forma piramidal asegura el anonimato y el blindaje de sus verdaderos dirigentes. Su captación de "obreros" se lleva a cabo mediante una bien madurada estructura de reclusión, donde los votos de castidad, pobreza y obediencia, son castraciones mentales que junto con otras condiciones materiales propicias para la tortura psicosomática, como son: la reclusión, el estrés, alimentación deficiente, privación del sueño, ambientes viciados y monótonos y seguramente el consumo de alucinógenos; conforman una disciplina de índole militar, mediante la cual la institución debilita la voluntad de sus ministros en preparación para el "lavado cerebral" de que son objeto y que los convierte en dóciles y fervorosos expositores de la doctrina.

Los sacerdotes son parásitos sociales como lo son los políticos y viven enajenados como los soldados, es decir, sirven a propósitos que desconocen, y por razones que no deben cuestionarse (solo obedecer y ejecutar). Ciertamente tiene una destacable preparación pero solo en el dominio de su arma ideológica, que les permite gozar de una posición social de privilegio, pues a fin de cuentas, la suya es una profesión lucrativa.

Sin embargo, y puesto que se trata, no de votos voluntarios sino de imposiciones que además son antinaturales, simultáneamente se van convirtiendo en potenciales maniáticos sexuales que al salir de la reclusión para interactuar con la sociedad, constituyen una constante amenaza, sobre todo para la feligresía más vulnerable: mujeres y niños, máxime cuando los ministros religiosos se colocan en una posición de superioridad y autoridad social bajo el entendido de que tienen que ocuparse de "la obra de dios".

Situación igualmente deplorable es la de las monjas, que estando disimuladamente destinadas a apaciguar a esos reprimidos sacerdotes, tienen que llegar -debido a sus oficiales votos de castidad- a la práctica cotidiana de abortos y/o asesinatos post-natales. En las vecindades de los conventos es común encontrar cementerios clandestinos con tales evidencias.

En recientes publicaciones noticiosas y luego de exhaustiva investigación, mediante el testimonio de más de un millar de personas (ahora adultas mayores) de una comunidad Irlandesa, se han revelado los sistemáticos abusos sexuales de que fueron víctimas los entonces, cerca de 20,000 niños, por parte de ministros de la iglesia católica dentro de orfanatos, escuelas y reformatorios, dirigidos y operados por la institución católica, en un lapso comprendido entre 1930 y 1990.

Caso muy grave, sí; pero que sólo es uno, de un sinfín que se han suscitado a lo largo y ancho del mundo occidental, muchos de ellos ampliamente documentados como en los Estados Unidos; otros muchos sin embargo, que ni siquiera llegan a conocerse.

En fin, se necesita hacer ojos ciegos y oídos sordos, para no reconocer la contundente realidad de la podredumbre de institución y doctrina.

Por supuesto que ante la censura social, la iglesia pone a trabajar todos sus recursos, incluyendo el poder de convocatoria y conducción social que ha desarrollado por largo tiempo, para presentar su defensa. Entonces con mal fingida ingenuidad y supuesto pesar pretenden desestimar su criminal historia así como su degenerado presente para mantenerse como líderes morales y espirituales de la humanidad.

Dicen que sus crímenes "hay que entenderlos en su contexto"; pero entonces, ¿dónde queda ese dios y su inspirador efecto sobre la institución y sus ministros? y ¿en dónde reside entonces la virtud de la iglesia, para pretender el liderazgo y conducción moral de la sociedad? **Lo que hay que entender es la podredumbre institucional y el juego de intereses y poderes involucrados.**

Como último recurso de defensa anteponen sus supuestas aportaciones en distintos ámbitos del quehacer e historia humanos; pero: **en cuanto a la ciencia**, es evidente que la naturaleza y los método doctrinales son opuestos a los de la ciencia y también pesa sobre la institución la historia criminal de persecución contra científicos y alquimistas; entonces solo optan por decir que su intención no es la búsqueda del conocimiento, sino su preservación -sugiriendo que el conocimiento ya está contenido en su doctrina-. **En cuanto a la moralidad social**, la misma historia de crimen promovido por la institución y apoyado por su doctrina, así como el presente degenerado de sus militantes, además de la evidencia de que la sociedad no necesita realmente de religión para funcionar bajo principios de justicia y respeto, la señalan como ineficaz y hasta obsoleta. Quedando inclusive los preceptos moralizantes del cristianismo -que son impuestos y no asimilados-, los "mandamientos", en claro rezago con respecto a las necesidades sociales actuales; ya que al menos debería incluirse entre ellos, sanciones contra: la violación, la tortura, la esclavitud, la misoginia, la pederastia, etc.

Solo queda como acervo institucional, el aporte que un número respetable de personajes históricos han hecho, en **obras artísticas de música, pintura, escultura, literatura y expresiones culturales diversas**, cuya motivación y temática ha sido relativa a la leyenda cristiana. Muchas de ellas habiendo alcanzado efectivamente la sublimación y constituyéndose en un inestimable legado a la humanidad. Asimismo portan sentido religioso, tradiciones tan entrañables como las celebraciones navideñas.

Sin embargo; el arte desarrollado no es atribuible ni a la institución ni a la doctrina; sino al espíritu de artistas que, no obstante encontrarse inmersos en el surrealismo doctrinal, han podido exaltarse y lograr realizaciones trascendentes a través del arte, quizás a veces embelesados por el sentimentalismo y la ternura que el mito pudo despertar en ellos; otras utilizando la temática doctrinal como pretexto o bien encontrando en el arte, los vehículos propicios para expresar, de forma disimulada, enérgicos reclamos y censura contra el poder social, en su caso la institución y su doctrina; tales son los ejemplos de Leonardo da Vinci y Michelangelo Buonarroti, cuyos mensajes, disimulados en sus obras, solo en tiempos recientes han podido ser revelados y descifrados; y hay muchos otros ejemplos principalmente en la música, ejemplo destacable, la canción "imagina" de John Lennon.

En cuanto a la feligresía, es preocupante que en su afán de defender el supuesto noble ideal de la doctrina, realmente estén defendiendo a un dogma y a una institución, que les mantienen en la ignorancia y en la explotación.

EL NEGOCIO SECTARIO

En atención a su vigente proliferación y a fin de estimar y hacer patente su trivialidad, revisaremos a continuación, la naturaleza de las sectas cristianas. Las primeras se originaron en convulsiones sociales históricas, que es el caso de la reforma cristiana, llamada por la iglesia católica "el protestantismo", y que en su momento denunciaba y exhibía los vicios y la voracidad de la institución católica, desembocando en la conformación de diversas denominaciones, ahora englobadas en el término "cristianismo", como son: Bautistas, Metodistas, Presbiterianos, Evangelistas y otros; cuyo único mérito consistió en haberse independizado de la autoridad y el yugo del Vaticano, confinando ahora su práctica religiosa a la lectura reverente de la Biblia; por lo que, sin embargo, no se liberan del mito cristiano ni del dogma teológico; por el contrario, mientras que -en su instancia social- la secta cristiana establece una liberación objetiva del yugo de la institución católica; provoca sin embargo -en su aspecto espiritual- una inmersión más irremediable en el surrealismo teológico. La prueba clara es que mantienen latente la predisposición a condenar a brujas, herejes y escépticos.

La emergencia del protestantismo, como parte del renacimiento, fue un hecho alentador, pero después degeneró en algo similar al catolicismo. Por lo demás, al surgir y haberse difundido en países europeos durante el renacimiento, la población practicante no percibe ni sufre el peso represivo de la religión, como ocurre en los pueblos subdesarrollados que heredaron el catolicismo.

Al pasar del catolicismo al cristianismo de la reforma, el adepto contemporáneo puede sentir que ha dado un gran paso ya que deja atrás tanto el yugo institucional como otros aspectos doctrinales rudimentarios como la idolatría, conformándose así con su nueva condición; Sin embargo, en su momento entenderá que ese cambio no es definitivo y que aún queda un paso más importante que dar... Sacudirse también el mito y el dogma.

Ante el muy evidente éxito que su gestión histórica le ha redituado a la institución católica, tanto en poder social como en bienestar económico, grupos emergentes de entusiastas negociantes (principalmente de Estados Unidos) han creado un sinnúmero de sectas, la mayoría de ellas en tiempos muy recientes, pretendiendo tomar su tajada del cuantioso botín que representa la explotación de la religiosidad popular -el negocio de la fe-.

Dichas sectas pretextan y justifican su emergencia y gestión aprovechando la parte medular de la trampa dogmática de la teología cristiana tradicional "**la Revelación**", para tomar ventaja del poder que ésta ejerce de antemano sobre el subconsciente social, entonces argumentan invariablemente que la interpretación tradicional de la revelación cristiana ha sido desvirtuada, para luego presumir que ellos (por intermedio de algún nuevo profeta) han sido depositarios de la genuina o corregida, y así infiltrarse en la escena social.

De hecho, muchas de estas sectas encontraron sencillo realizar pequeñas y caprichosas variaciones interpretativas de los mismos ambiguos textos Bíblicos tradicionales, para mediante ellas, establecer nuevas infraestructuras religiosas y explotarlas como tales. Es decir, ni siquiera han tenido que esforzarse en la creación de una doctrina original y distinta, simplemente aprovechan la experiencia y el camino allanado por la institución católica en pos de la tarea de control y conducción de las masas sociales; así que con la mayor despreocupación, abrevan a sus respectivas feligresías de la misma fuente doctrinal, **la Teología -que se convierte así en la raíz doctrinal universal-**.

Preservan los dogmas fundamentales y básicamente también el mismo mito, ejerciendo sobre la población el mismo chantaje, soportado en la misma intimidación y promoviendo igualmente la superstición y la ignorancia. Todas ellas exaltan aunque con perspectivas particulares, la personalidad y obra de Jesucristo y sugieren que existe una enseñanza de él, más genuina y sublime que la que la iglesia católica presenta (no pueden prescindir, mucho menos atacar un pilar del dogmatismo)

La gestión de todas ellas, es más bien especulativa y sin compromiso social por lo que las actividades que promueven son estériles y patéticas: predicación, estudios bíblicos, círculos de oración, alabanzas, etc.; ¡ah! pero eso sí, explotan con diligencia, las trampas inherentes a la congregación, la predicación y el sensacionalismo en sus tareas de reclutamiento y expansión. La predicación y la congregación son estrategias para la descalificación del raciocinio individual utilizando el consenso para dar prioridad a la voz popular, que como bien sabemos es ciega y torpe, pues se apoya en la ignorancia, el temor y la frivolidad popular.

A fin de cuentas persiguen el mismo fin y utilizan las mismas herramientas del catolicismo.

Los predicadores, y no se diga los pastores, se colocan también en la posición de expertos y guías, volviéndose egoístas y arrogantes. Si se les ataca asumen la postura de ofendidos tal como hacen los ministros católicos e Invariablemente condicionan el derecho de crítica a la lectura completa de sus textos sagrados, para colocar la discusión dentro de los términos de su doctrina, donde ellos tienen ventaja.

Existe ciertamente, competencia entre las sectas, pero en aspectos triviales, a veces ridículos:

Algunas han optado por provocar, mediante sus prácticas rituales, la exaltación de la emotividad mística entre sus adeptos, llevándolos a veces hasta estados de trance o de histeria, como el caso de los Carismáticos y Pentecostales; Otras incluyen en sus doctrinas y rituales cierto grado de extravagancia, elitismo y métodos refinados de predicación y reclutamiento, tal es el caso de: Testigos de Jehová, Mormones y Adventistas del séptimo día.

Una característica remarcable, común a todas las sectas, es que sus doctrinas alimentan el desprecio por el mundo material y sus vicisitudes, y convocan a un desarrollo exclusivamente espiritual, logrando así la enajenación de la feligresía hacia un ámbito surrealista. Un ejemplo extremo lo constituyen los Menonitas, cuya doctrina, sugiriendo el alejamiento de las cosas mundanas, ha llegado a provocar la formación de comunidades sectarias cerradas, enajenadas tanto espiritualmente como materialmente del mundo. Construyen sus propias colonias, practican la endogamia y se excluyen del ritmo de desarrollo social; pero se vuelven ingenuos y débiles y al final tienen que volver a enfrentarse a ese mundo, casi siempre en gran desventaja y produciéndoles una fuerte conmoción.

Es obligado también considerar la reincidente aparición de innumerables sectas de corte esotérico, las cuales normalmente seducen a la población mediante ingeniosos sincretismos doctrinales y rituales, mezclando elementos de religiones orientales con las propias ideas del cristianismo, con lo que consiguen un éxito casi inmediato pero efímero. Comienzan ofreciendo a sus adeptos los probados beneficios de disciplinas orientales tales como el yoga, el tai-chi, la meditación, alimentación vegetariana, etc.; sin embargo, pronto exhiben su interés de lucro y la utilización de las mismas trampas doctrinales de la teología. Ofrecen, podemos decir, una cara "nueva" y seductora del mismo dogma.

Algunas de ellas inclusive, hacen sospechar que se trata de movimientos promovidos, manejados y subsidiados de forma anónima desde la propia institución católica, como una estrategia extrema para seducir y corromper a los sectores sociales con tendencia rebelde. Caso de la "Church universal and triumphant" cuya doctrina recurre a la seducción mediante un conocimiento esotérico; pero que mantiene el sometimiento dogmático de la feligresía, al incrustar ese conocimiento esotérico, a fin de cuentas, en una estructura doctrinal muy similar a la teológica; asimismo, sus prácticas rituales, que postulan el poder materializador de los "decretos" -una forma fanatizada de "neurolingüística"-, caen finalmente en una variante de las convencionales y monótonas sesiones de rezos católicos, conocidos como "los rosarios".

Otro caso conocido es el de "Urantia", doctrina basada en el libro del mismo nombre, que es un sorprendente compendio cosmológico religioso, que combina conocimientos pseudocientíficos de astronomía, biología, física cuántica -entre otros-, con principios esotéricos para presentar al público una seductora cosmovisión religiosa; una ficción del tipo "guerra de las galaxias" aplicada a un organigrama de jerarquías divinas (por cierto, siempre en lucha desleal por el poder); pero una vez más amalgamados en, y siguiendo inclusive la secuencia cronológica de hechos, postulada por la tradición teológica cristiana. Logran de este modo enmendar los grandes y evidentes absurdos de la doctrina oficial al conferirles ahora un sentido más sublime y sensacionalista; pero preservan, sin embargo, la estructura dogmática de control. Llegan incluso a calificar el propio libre albedrío del hombre, como un error del diseño divino.

Todas las anteriores y otras, conforman un muy amplio y diverso, a veces ridículo y siempre inútil folklore religioso alternativo, para explotar a una sociedad confundida e ignorante, y ninguna de ellas ofrece realmente una alternativa filosófica digna de consideración. … Ni siquiera para para unificar en un solo nombre la práctica religiosa, como lo propugnan algunos cristianos bienintencionados.

Recomiendo al lector que primero, antes de analizar el beneficio espiritual que una doctrina pudiera aportar y antes de dejarse llevar al surrealismo doctrinal que ella propone, hay que identificar su origen contextual e intereses de negocio; tomar conciencia del efecto social diseñado por los creadores de la doctrina; después reconocer y no perder de vista que independientemente de lo sensato, razonable o hasta deslumbrante que la doctrina pudiera parecer; no deja de tratarse de especulaciones y propuestas de origen humano, que ninguna puede ostentar ni origen ni inspiración divina. Analizadas con un poco de formalidad y rigor científico, podemos develar que todas ellas son dogmáticas, fanáticas y tramposas.

LA APOTEOSIS DE LOS ESTADOS UNIDOS

Durante los años 60´s en las naciones "aliadas" estaba ocurriendo algo que sus líderes políticos no entendían y les preocupaba. Sus jóvenes se estaban convirtiendo en activistas políticos con una radical orientación anti-sistema, situación particularmente acentuada en los Estados Unido con las protestas contra la guerra en Vietnam. Se estaba gestando una revolución con tintes comunistas en el corazón mismo del llamado "mundo libre". Incluso se sospechó de la acción oculta de la mano de la KGB, como arma estratégica dentro del contexto de la "guerra fría" de los Estados Unidos con la Unión Soviética.

Lo cierto es que había un claro despertar de conciencia social y una voluntad social pujante que amenazaba desembocar en un re-planteamiento global del proyecto político y humano, y en un rompimiento con los paradigmas y estructuras sociales vigentes y regentes.

Los Estados Unidos no podían permitir que su nación cayera en manos de los comunistas; pero al mismo tiempo, no podían utilizar la represión violenta contra su propia juventud, cuando ellos andaban por el mundo en campaña de promoción de su propuesta política "democrática". Por otro lado, era evidente que esa generación social había superado el efecto enajenador de la doctrina religiosa cristiana tradicional, la cual ya no podía ofrecer el servicio acostumbrado al estado.

Su estrategia de ataque debía entonces ser novedosa e ingeniosa y optaron por no intentar exterminar el movimiento sino transformarlo y despojarlo de todo activismo político; cambiar el punto de atención de los nuevos revolucionarios hacia la anarquía. Así que los servicios secretos británicos y estadounidenses (la CIA) emprendieron un programa nuevo de control mental social denominado MK-ULTRA, poniendo a trabajar a sociólogos, antropólogos y científicos diversos, para idear y producir un nuevo estilo de vida, caracterizado por el alejamiento de la atención de la juventud del mundo real y la consecuente pérdida de sus metas políticas.

Así determinaron inyectar en la juventud, de manera simultánea, tres agentes corruptores que produjeran su decadencia:

a. El consumo masivo de drogas. Distribuyendo gratuita y clandestinamente en los campos universitarios, grandes cantidades de droga (principalmente el LSD, de producción sintética).

b. Las creencias mágicas, esotéricas y ocultismo. Mediante el patrocinio de la creación de sectas con doctrinas orientales, ajenas a la idiosincrasia occidental (hare krishna, meditación trascendental, etc.) y promoviendo la amplia difusión de temas esotéricos como: astrología, reencarnación, evolución espiritual, etc.

c. El nuevo sonido del rock and roll. Apoyando el florecimiento de muchos grupos, cuyos ritmos monótonos y frenéticos produjeran ansiedad en la juventud.

En su efecto conjunto, estos elementos indujeron en las mentes juveniles, estados alterados de conciencia y un conveniente aturdimiento, lo que consiguió desviar su atención hacia la búsqueda de experiencias intuitivas y místicas en la forma de lo que se denominó "HIPISMO", alejándolos del activismo político.

De este modo los gobiernos respectivos conservaron el control y el poder social; pero a precio de destruir a una generación que entonces era su propia juventud y de dejar en herencia para las siguientes generaciones, grandes problemas de adicción a drogas, de tráfico de drogas y de negocios de sectas.

El estado Americano ganó también amplia experiencia en el desarrollo de laboratorios, metodologías y herramientas alternativas para sistematizar el control de voluntades sociales; así como de logística para promover movimientos sociales encaminados a la producción de guerrillas en otros países, en pro de sus proyectos políticos imperialistas.

En la actualidad, los Estados Unidos, con apoyo del Vaticano, se presentan a sí mismos ante el mundo, como el pueblo elegido de dios y heredero de la potestad del legendario Israel; para así justificar su gestión internacional expansionista, apoyados en el mito cristiano y creando un entramado político mundial en términos apocalípticos.

De este modo promueven sus guerras y determinaciones políticas de alcance mundial adjudicándose la representación del "bien" (el papel de redentores) y el derecho de castigar al "mal", al cual por cierto, son ellos mismos quienes lo designan, **"el mal" deja de ser entonces todo aquello que es probadamente pernicioso para la humanidad, y se convierte simplemente, y de forma arbitraria, en todo aquello que está en contra del poder reinante**; y como ocurría con la Iglesia durante las cruzadas, se sienten con indulgencia plenaria y la justificación para incluso exterminar a sus enemigos. Así vimos que, luego del auto-ataque terrorista del S-11, aparece ante los medios noticiosos el presidente Bush para exigir el apoyo mundial a sus designios, en términos de la amenaza evangélica "los que no están conmigo están con mis enemigos".

Los Estados Unidos, que desde el final de la 2ª guerra mundial optaron por desarrollar la industria armamentista y el negocio de la guerra, como base para establecer un poder hegemónico mundial arbitrario y artero, y focalizado a la posesión y manejo de los hidrocarburos del planeta, que se han constituido en la fuente energética primordial para el desarrollo de la civilización, imponen actualmente una política exterior que se enfrasca -luego de ejercer efectivamente el control de Afganistán e Irak y con el apoyo de sus aliados globales (Inglaterra, Francia, España), así como de sus cómplices regionales (Israel y Arabia)- en una sistemática agresión a un grupo de naciones, etiquetadas por ellos como el "eje del mal" y como "terroristas": Principalmente Irán, pero también Corea del Norte, Pakistán y otros. Agresión que ellos justifican ante el mundo, dándole un tinte de cruzada por la recuperación de "tierra santa", designación muy apropiada para los ricos bancos petrolíferos del subsuelo palestino, cuya importancia económica y geopolítica es capital, y también para los territorios que completan la ruta de distribución de los hidrocarburos, que los Estados Unidos pretenden distribuir y controlar hacia China, el país con mayor demanda de esta materia prima, por ser el mayor fabricante de productos de consumo en el mundo y directo rival en poder económico y político, de los Estados Unidos.

Resulta ilustrativo darse cuenta que así como cuando aparece la invención de la Imprenta y se estima su potencial; la Iglesia, prontamente toma posesión de ella para dedicarla a la producción de biblias y así neutralizar ese potencial; ahora que se percibe un potencial equiparable de la Internet, los Estado Unidos se apresuran a restringir su utilización por parte de la población mundial mediante las leyes SOPA y PIPA, para convertirla en una herramienta del estado -como han llegado a ser la radio y la televisión-; y dan al escenario de su utilización mundial, un tinte equivalente a una inquisición cibernética de alcance mundial.

EN ESTE CAPÍTULO,

PLANTEO LA REALIDAD HISTÓRICA Y PERMANENCIA DE LA DOMINACIÓN SOCIAL DEL HOMBRE POR EL HOMBRE. ASIMISMO DESCRIBO LA NATURALEZA DE LAS ESTRATEGIAS QUE LA CLASE DOMINANTE HA DESARROLLADO Y REFINADO PARA HACER DE ESE DOMINIO UNA CONDICIÓN NATURAL Y COTIDIANA; DESTACANDO LA IMPORTANCIA DE AQUELLAS QUE OPERAN A NIVEL MENTAL Y PARTICULARMENTE LAS DE NATURALEZA DOGMÁTICA, GESTADAS Y MADURADAS EN LAS INSTITUCIONES RELIGIOSAS, COMO BRAZO DEL PODER.

«QUIEN NO CONOCE SU HISTORIA ESTÁ CONDENADO A REPETIR SUS ERRORES», Paul Preston

«A AQUEL QUE TRABAJA Y PADECE MISERIA TODA SU VIDA, LA RELIGION LE ENSEÑA A SER HUMILDE Y RESIGNADO, RECONFORTANDOSE EN LA ESPERANZA DE UN PREMIO CELESTIAL», Lenin

PREGUNTAS DESAFIANTES:

¿SUPONES QUE TODO EN LA SOCIEDAD Y EN LA HISTORIA HUMANA MARCHA COMO DEBIERA?

¿QUÉ BENEFICIO SOCIAL APORTA LA PRACTICA RELIGIOSA?

Capítulo 4

LA DOMINACION SOCIAL, EL PROPOSITO HISTORICO

El propósito fundamental de la existencia humana y posiblemente el de toda manifestación de vida, tanto a nivel individual como colectivo, conforme a la experiencia humana, parece ser la constante expansión de la conciencia a través de un interminable proceso de aprendizaje, que luego deriva en la superación de las dificultades para la subsistencia y en el constante mejoramiento de la calidad de las condiciones generales de vida; y... todo eso ¿para qué?

Quizás no tenga tanto sentido el tratar de identificar la meta sino entender y asimilar el camino, y entonces sería suficiente reconocer la evolución que históricamente hemos experimentado como especie desde el primitivo salvajismo y la subyugación de que éramos objeto ante el embate de los fenómenos naturales, hasta la civilización y la artificial transformación de nuestro entorno. Un signo elocuente de nuestra actual regencia sobre el entorno, es que ahora podemos hacer por placer y por intereses particulares, lo que antes por necesidad.

Asimismo en cuanto a la existencia individual, podemos contemplar la transición que, desde la inconsciencia e impotencia infantil, hasta la auto-conciencia y la auto-suficiencia, experimentamos a lo largo de nuestras vidas; así como la manifestación y desarrollo de potencialidades tanto físicas como mentales a través de creaciones científicas, artísticas, deportivas, etc.

Y confirmamos éste propósito al reconocer que, como individuos comparecemos a este mundo perfectamente equipados para la tarea del aprendizaje mediante el intelecto, que nos permite el discernimiento; y mediante la memoria, que nos permite la noción de transformación y de proceso histórico.

Irónicamente, también podemos rescatar de entre las doctrinas religiosas, importantes admoniciones atribuidas a dos de las figuras prominentes del culto, el Cristo y el Buda; admoniciones que independientemente de su intención y autenticidad de origen, soportan muy bien nuestra afirmación:

«NO HAY NADA ENCUBIERTO QUE NO HAYA DE SER MANIFESTADO, NI OCULTO QUE NO HAYA DE SABERSE» Mateo: 10, 26

«CONOCEREIS LA VERDAD Y LA VERDAD OS LIBERTARA» Juan: 8, 32

«NO HAY MÁS PECADO QUE LA IGNORANCIA, NO HAY MÁS SALVACION QUE EL CONOCIMIENTO», Textos doctrinales budistas

El método de desarrollo de la conciencia humana, sin embargo, por una parte exhibe un principio de antítesis con la realidad de la vivencia, es decir, se basa en la vivencia de condiciones adversas para permitirnos aprender el concepto o la condición ideal: vivimos el salvajismo para aprender la civilización; la miseria, para aprender a procurarnos la abundancia; el sufrimiento, para concebir la idea de la felicidad; los horrores de la guerra, para imaginar las condiciones ideales de la paz; en fin, vivimos la dominación y la explotación, para visualizar y aspirar a la libertad y a lo que ahora podríamos denominar "el humanismo". Como lo postula la visión sintoísta del Japón, el universo parte del caos y se encamina hacia el orden, que se alcanzará mediante la armoniosa participación de sus elementos.

Por otra parte, ese método de desarrollo de la conciencia humana, demanda también sucesivas recapitulaciones de los eventos históricos que provocan o estimulan el aprendizaje; en nuevos escenarios y bajo diferentes perspectivas, hasta que ellos son efectivamente asimilados. Hasta que la conciencia humana alcanza suficiente madurez para suprimir y superar las condiciones que los propician, pudiendo entonces avanzar hacia nuevos horizontes; pero mientras que no se han superado, nos vemos condenados a vivirlos de manera recurrente en nuestra historia, a manera de escuela de la experiencia.

Así vemos que, por ejemplo, el "Renacimiento", que señaló el fin de un prolongado "oscurantismo" y no obstante haber significado la conclusión de lo que podría ser la peor etapa de la historia humana y un paso decisivo hacia la civilización presente; no fue un acontecimiento que podamos considerar superado. A fin de cuentas, nuestro desarrollo actual aún no ha alcanzado las condiciones ideales para la convivencia humana. Ni siquiera podemos decir que ya hayamos dejado atrás toda esa ignorancia y salvajismo que entonces nos caracterizaban, ni mucho menos, que ahora estemos firmemente encausados sobre una ruta de armonía y justicia social hacia la civilización, el progreso y, en última instancia, hacia ese destino glorioso que, desde diferentes perspectivas y de forma optimista, tanto las doctrinas religiosas y esotéricas, como las corrientes filosóficas, vaticinan para la humanidad.

¿Podríamos realmente superar ese gris panorama planteado por José Ingenieros en su introducción a "el hombre mediocre", al decir que toda vida no es sino simplemente la manifestación de un desequilibrio químico transitorio sobre la superficie del planeta; y complementado por el señalamiento de Charles Darwin de que el objetivo de la vida es la simple lucha por la preservación de la especie, prevaleciendo las más aptas?

Edad media y muchos otros acontecimientos históricos, al ser cotejados con nuestro presente ponen de manifiesto las deplorables naturaleza y vocación histórica de la humanidad y hacen ver que estamos lejos de asimilarlos y superarlos.

Un signo característico presente en toda esta historia y patente de forma contundente en la convivencia social actual, que pudiera entenderse como una condición natural y necesaria en ciertas fases iniciales de nuestro desarrollo histórico colectivo, debido a la necesidad, tanto de la división y especialización del trabajo, como de un liderazgo en la ejecución de proyectos comunitarios; pero que sin embargo, ha degenerado en abuso, explotación y tiranía, siendo el móvil de toda injusticia social, es *la dominación del hombre por el hombre*,

Parece completamente lógico y natural que aquellos personajes que asumen un rol de dirección social, que se presumen los más aptos, capaces y dignos, ostenten a la vez una posición privilegiada en esa sociedad... y así ocurría en los inicios históricos de las sociedades humanas; pero ahora, los mecanismos para ese posicionamiento social, habiéndose asimilado en estructuras sociales degenerativas, plagadas de corrupción, vicios o herencia, haciéndose artificiales y poco genuinos; ceden el paso a personajes de deplorable calidad humana, de escasa cultura, que llegan inclusive a alardear de malicia y perversidad, permitiéndoles decidir los destinos de sociedades enteras. ¿Qué podemos esperar de su gestión?

Desde su aparición histórica, cuando las conciencias individuales más despiertas percibieron la posibilidad de obtener un beneficio del trabajo ajeno, y se dejó atrás la "comunidad primitiva" para dar paso al surgimiento de las primeras formas de "esclavitud"; de ahí en adelante, pasando por su conversión al "feudalismo", hasta llegar a la "burguesía" y al actual "capitalismo" con su reciente modalidad denominada "globalización económica"; **la dominación** se ha mantenido como la medida imperante de las relaciones sociales. No ha sido superada y lejos de vislumbrarse su finalización, se ha venido reafirmando y sofisticando, a la par que las estructuras sociales se hacen más complejas.

Durante su vigencia histórica, la dominación ha definido la clasificación social de las personas en dos grupos antagónicos: por un lado, aquellos, pocos por cierto, que gracias a un nivel de conciencia más despierto y/o a su eventual posicionamiento en las estructuras de poder, asumen el papel de líderes y conductores sociales, quienes poseen tanto los bienes de producción como el control político de las estructuras sociales, convirtiéndose en "los opresores"; por el otro aquellos, más numerosos e ignorantes, que por intermedio de esa estructura social, se ven obligados a vender su fuerza de trabajo y a trabajar toda su vida para producir los bienes que aseguren el abasto y sustento para la sociedad entera y además los excedentes que provean a los primeros, de cada vez mayor poder y seguridad.

Los opresores, habiendo desarrollado históricamente desde su posición de privilegio (contando con tiempo y recursos), gran inteligencia y astucia social, han venido incorporando a su estructura de dominio los elementos que la ciencia y la tecnología aportan; desde el uso de la fuerza militar -como base-; la implantación de las estructuras e instituciones de gobierno después; hasta las más refinadas herramientas psicológicas en el presente.

De vez en cuando en la historia, coincidentemente con la aparición de nuevas tecnologías y métodos de producción; los grupos sociales oprimidos, al arribar a condiciones de injusticia extremas e intolerables, experimentan y provocan revoluciones sociales. Cismas, discordias y luchas que producen re-acomodos en las estructuras sociales, encumbrando a nuevos grupos de poder y prodigando a los oprimidos un nuevo periodo de relajación en las condiciones de explotación, que por un tiempo vuelven a ser discretas y tolerables.

Lo que la experiencia histórica ha dejado claro; sin embargo, es que esos eventuales despertares de la conciencia social de los grupos oprimidos, siempre han sido parciales y hasta ahora, no han sido lo suficientemente significativos para producir una reestructuración social de fondo y definitiva. La conciencia de las masas siempre ha estado rezagada respecto de la de los opresores y la distancia entre ellas es cada vez mayor. De tal forma que en la actualidad es difícil que un despertar social llegue a inquietar realmente a los grupos de poder, quienes moviendo hilos políticos estratégicos retoman pronto el control, y la vida social vuelve a su cauce acostumbrado, sin que la sociedad supere la histórica contradicción de clases.

Cuando el estado ofrece diálogo y debate, por ejemplo, ya tiene una ingeniosa doctrina preparada para aplastar las débiles manifestaciones de inconformidad, incredulidad o reclamos populares.

En última instancia los movimientos revolucionarios son diseñados y dirigidos por grupos políticos que rivalizan entre sí en pos del poder, empujando a las masas a las luchas armadas y sacrificándolas para finalmente tomar ellos el control social y dar paso a sus intereses particulares. Para constatarlo, solo hay que observar como las supuestas organizaciones revolucionarias o "de izquierda", utilizan formas y métodos similares a los del estado, inclusive practican la apoteosis de personajes revolucionarios históricos y la convocatoria social a su culto.

En la actualidad, el instrumento estructural fundamental de dominio social, desarrollado por los opresores, es **el estado**, con sus poderes o instituciones, y ha venido evolucionando desde formas como la monarquía y la nobleza que se desplegaba en torno a ella, hasta las actuales "democracias". Sus instituciones periféricas le han permitido sistematizar el control y la conducción social: La infraestructura jurídica establece y supervisa la aplicación de la legislación, que son las reglas que delimitan la actuación social permitida; mientras la fuerza pública y el ejército tienen la encomienda de obligar su acatamiento. Pero aún existen otras instituciones discretas y disimuladas cuya gestión, más sutil, reviste sin embargo, mayor trascendencia y le reditúan al estado un beneficio más sustancioso.

Debemos entonces destacar cuan determinante ha sido la gestión histórica que instituciones como la escuela oficial, los medios de difusión masiva y las *instituciones religiosas*, han llevado a cabo en la encomienda de configurar y controlar la ideología social.

EL METODO DE LA RELIGION COMO ESTRATEGIA DEL ESTADO

En la actualidad los grupos de poder social: naciones, empresas e instituciones, controlan y encausan los procesos sociales en base a la dominación de las conciencias de las masas. Bien saben que una vez burladas las conciencias y justificada su intención ante ellas, pueden actuar a placer; en otras palabras, el dominio y explotación del hombre por el hombre, empieza en el plano mental mediante el control ideológico, y conformando la mente social para que ese dominio parezca lo más natural y adecuado y de este modo subyugar y conducir la forma de vida social e incluso las aspiraciones individuales, a conveniencia.

Este control ideológico, como debe suponerse, se lleva a efecto con el auxilio de instrumentos desarrollados por la Psicología y que no son de ninguna manera improvisados. Los fundamentales se han trabajado y madurado pacientemente a lo largo de la historia, principalmente *por gestión de la institución religiosa*; lo que ha permitido entorpecer paulatinamente la conciencia social, haciéndola ingenua. Ya asegurada esta condición social, el estado impone sus nuevas disposiciones cuidando simplemente no violentar la conciencia social, método al que se ha denominado "guerra de baja intensidad".

EL ANZUELO CRISTIANO

Durante mis primeros acercamientos a las doctrinas religiosas y esotéricas me animaba la optimista expectativa de conocer el secreto de grandes misterios existenciales a través de las alegorías doctrinales. El resultado final -y no atribuible a esas alegorías- es distinto, pero creo que más notable, real y valioso. Por principio de cuentas hay que desestimar de antemano cualquier intención individual de la práctica religiosa, puesto que su práctica y la intención de su efecto son eminentemente sociales. En seguida hay que entender que no es en el significado o en el sentido místico de las doctrinas y rituales donde reside su importancia objetiva, ni en el pretendido beneficio que en sentido espiritual pudieran aportar a la sociedad; sino en el diseño del efecto político de conducción social calculado por sus creadores, así como en el provecho concreto que finalmente obtienen de ellas, es decir, **no importa el contenido de verdad de las doctrinas sino la intención de su manejo.**

Solo por ejemplificar, lo de menos es la cuestión de si existe vida después de la muerte o no; lo importante es el efecto de aletargamiento mental que esa creencia produce en la sociedad y el beneficio que las autoridades sociales obtienen en la forma de pasividad y gobernabilidad de la población.

Bien, podemos iniciar un análisis más formal, imponiéndonos el cuestionamiento desafiante básico: ¿cuál es la función social de la religión?, para el cual, dentro de una predominante porción de la sociedad, podríamos esperar respuestas al tenor de los siguientes ejemplos:

- Ofrecer una guía de control moral y de desarrollo espiritual a la población

- Señalar el método para conocer y acercarnos a nuestro creador

- Ofrecer un consuelo ante el sufrimiento humano

- O bien, simplemente

- ¡Es que necesitamos creer en algo!

Sin embargo, no debe ser difícil para el lector reconocer que todas estas espontáneas opiniones, no tienen ninguna diferencia con las que las autoridades sociales (en este caso las religiosas) nos han enseñado de forma tradicional, es decir, ni siquiera son auténticamente nuestras ni hemos tenido la precaución de evaluarlas concienzudamente y solo las estamos repitiendo de manera irreflexiva; Pero ¡atención! ellos nos las inculcaron de manera perfectamente intencionada y premeditada y a través de ellas nos han subordinado y controlado de forma histórica.

Lo que se manifiesta con esas opiniones entonces, es la subordinación dogmático de la que somos víctimas y la dificultad a la que nos enfrentaremos consiste precisamente en lograr sacudirnos esa subordinación mental que la religión nos ha impuesto y que no nos deja asimilar su naturaleza e intención, ni mucho menos, reconocernos bajo su conducción.

Y será conveniente abundar en los rasgos del instrumento doctrinal para comprenderlo cabalmente, mediante revisar algunos materiales documentales:

Una bien conocida sentencia bíblica del nuevo testamento, atribuida a Jesús, pregona:

"Bienaventurados vosotros los pobres, porque vuestro será el reino (de dios)", Lucas: 6, 20-25

Presentada como suave consuelo y promesa para un pueblo sufriente. Otra sentencia bíblica confirma:

"Cuán difícil es que un rico entre en el reino de los cielos. Es más fácil que un camello entre por el ojo de una aguja", Marcos: 10, 23-25

Sí, es definitivamente una gran promesa, si consideramos que ofrece nada menos que revertir de tajo, la realidad objetiva del dominio y explotación social, transfiriendo ahora a los pobres las posiciones de privilegio –aunque en un "reino divino"-; Un reajuste social que además se aplaza hasta un "más allá" indefinido e incierto, tanto en tiempo como en espacio y por supuesto excluyendo el "aquí" y el "ahora".

Se trata claramente de ofrecer **una satisfacción ficticia diseñada para reconfortar al pueblo**, que mientras tanto tiene que conformarse con la situación que le tocó vivir, con su "destino", el cual se lo insinúan también como una predeterminación divina, una "predestinación".

Y hay que reconocer que este tipo de promesas doctrinales realmente reconfortan y ofrecen consuelo. En algún momento podemos incluso llegar a sentirnos privilegiados por ser pobres. Su efecto es tan benéfico que podríamos intuitivamente percibirlas como verdades absolutas que conocemos a priori, y que parecería que residen y emanan del interior mismo de nuestro propio ser; ¡pero no!, y discúlpenme por el desengaño: sucede simplemente que nuestro íntimo deseo por ver un cambio en nuestra precaria situación, encuentra eco y expresión en tan bellas fantasías y es por eso que nos aferramos a ellas.

Irónicamente, con ayuda de los mismos textos doctrinales, en las afirmaciones de Pablo podemos identificar también de forma explícita al beneficiario objetivo de ese efecto social:

"Sométase toda persona a las autoridades superiores, porque no hay autoridad sino de parte de dios...", Romanos: 13, 1-7

¡Que elocuente! y qué cínica es también está sentencia. Pablo sugiere, nada menos, que toda autoridad terrena es otorgada y delegada por el propio dios. De este modo -involuntariamente- nos señala al beneficiario directo de la acción de la doctrina religiosa sobre la población, que es la autoridad social, ¡**el estado**!

Para cerrar el cerco de nuestro análisis, será también ilustrativo que observemos un importante elemento, igualmente presente -y muy reiterativo- en los escritos bíblicos. En el antiguo testamento, encontramos en Génesis: 22, 9-12, el relato de la huida de Lot y familia, de la ciudad de Sodoma -ciudad sentenciada a la destrucción por "la ira de dios"-, donde se les ordena no volver la vista atrás, so pena de ser convertidos en estatuas de sal...

También en Génesis: 19, 22-26, dios ordena a Abraham sacrificar a su hijo Isaac, con el solo propósito de constatar su obediencia.

Y para no hacer nuestra búsqueda más intrincada, simplemente observemos la razón por la que -según la tradición judía- dios expulsó a la naciente humanidad (Adán y Eva) del "paraíso", condenándoles a sufrir las penurias de una vida mortal; razón que es expresada en el siguiente relato:

"y dios le dio (al hombre) también este precepto diciendo: come si quieres de los frutos de los árboles del paraíso... mas del fruto del árbol de la ciencia del bien y el mal no comas..., porque el día en que comieres de él, infaliblemente morirás", Génesis: 2, 16-17

En estos ilustrativos extractos bíblicos se manifiesta con suma claridad la intención evidente de la doctrina religiosa en cuanto a promover y demandar que el hombre sea obediente y sumiso. **Se le señala un comportamiento permisible y se le condena por la desobediencia.**

En las religiones de oriente podemos encontrar también enfoques equivalentes, como es la promoción del sistema de "castas" en la India, soportado y justificado en su cosmología religiosa correspondiente.

Es momento pues, de resumir las recientes reflexiones para declarar clara y abiertamente, la función social que cumple la religión, y proscribirnos de una vez por todas, de opiniones ingenuas y enajenadas:

Sí, la RELIGION es un artificio psicológico que permite al estado (*la clase dominante*) **inducir y mantener un nivel conveniente de ignorancia y temor entre la población, a la que de este modo, acostumbra a vivir en un estado permanente de letargo y en actitud sumisa y dependiente; para entonces** *sojuzgarla* **y explotarla con solvencia.**

Y ha sido, desde el origen de las sociedades humanas, un instrumento institucionalizado (a través de la Iglesia), para lograr y mantener la domesticación de las masas sociales.

Su propósito es asegurar que la población se resigne con las condiciones que el mundo material le impone y que opte por la satisfacción fícticia (en el surrealismo doctrinal) de sus necesidades y aspiraciones. Les induce a la pasividad, al sometimiento y a la dependencia, produciendo en ellos una participación social dócil e inofensiva.

Mediante la religión, los opresores convierten efectivamente la realidad, que el colectivo social percibe, en un surrealismo donde ellos dirigen los destinos sociales a placer y a conveniencia.

Así que no obstante que como posesión ideológica común, se le puede considerar como un agente integrador ya que constituye en apariencia una amalgama social, la religión sin embargo, presenta dos perspectivas opuestas: para los opresores significa un instrumento estratégico que les asegura autoridad; mientras que para los oprimidos significa un paliativo ficticio a sus penurias, que los evade de una cruda realidad. De esta forma establece los mecanismos que dan vida a la vigente relación simbiótica entre el estado -en el papel de parásito- y el pueblo -sometido a una dependencia emocional-.

Ante este panorama, resulta perfectamente comprensible que los opresores -en su hipocresía natural- exhiban una religiosidad ridículamente devota. Podría parecer decepcionante que gente en puestos de dirección social, crea en fantasías y absurdos doctrinales; pero solo están promoviendo con su propio ejemplo, la doctrina que les hace propicios sus privilegios sociales; del mismo modo como promueven el nacionalismo sin tener que sentirlo personalmente. Y se puede constatar que cada nuevo dirigente social, para tener éxito en su gestión, las primeras armas que debe empuñar, promover y defender son religión y nacionalismo.

Además quienes promueven cristianismo y nacionalismo están respaldados por el estado y sus instituciones además de una infraestructura social construida bajo los preceptos derivados de ambos dogmas. Y en el caso de la religión, por una trampa psicológica madurada por la institución durante 2000 años.

Es también una realidad contundente, el hecho de que el mito de las doctrinas religiosas refleja y reafirma, según su aparición histórica, las formas vigentes de las relaciones de producción y por consiguiente de las jerarquías sociales correspondientes a su contexto. Efectivamente describen a dioses hechos a imagen y semejanza del hombre, con las características y usanzas de la clase dominante en turno, de la raza y hasta del sexo en el poder. Tal es la razón de la condición patriarcal y misógina de las religiones occidentales vigentes; de que se denomine "señor" o "padre", tanto a las figuras divinas como a los propios ministros de la institución religiosa y de que en muchas de esas instituciones, solo se permita la adscripción a varones; asimismo es esa la causa de que la imagen personificada del dios supremo no pueda corresponder ni a la de una mujer ni a la de un hombre de raza negra.

Dentro de esta realidad, la doctrina religiosa revela también el "status quo" cultural y de conciencia de la sociedad que la produce. Podemos constatar por ejemplo, que el cristianismo, habiéndose gestado hace aproximadamente 2000 años, presenta una visión rudimentaria, tanto de las formas de convivencia social, como de las aspiraciones humanas; y que el judaísmo, aún más primitivo, presenta una propuesta moral simplista y rígida para la sociedad y postula una relación de la divinidad con la humanidad bajo esquemas rudimentarios y corruptos de la relación familiar padre-hijos; y bajo formas de interacción donde media la disciplina infantil: obediencia-premio, desobediencia-castigo. Ambas doctrinas postulan además, fórmulas simplistas para pretender dar explicación a los grandes cuestionamientos existenciales; asignando un papel denigrante y estúpido a la humanidad y envileciendo la noción de divinidad.

No obstante, existe también la contraparte… no perdamos de vista que el propio conocimiento doctrinal que manejan opresores y oprimidos es muy distinto; los dirigentes -como los antiguos sacerdotes egipcios- se transfieren bajo un proceso hereditario, un conocimiento esotérico formal y refinado; la real aportación de la doctrina religiosa al desarrollo de la experiencia humana, "**el saber de iniciación**"; mientras que a los oprimidos se les divulga un conocimiento somático; mitos que satisfacen sus rudimentarias necesidades espirituales, mientras se les predispone al dominio, "**el saber del vulgo**".

Cada religión fundamental tiene su versión esotérica: el cristianismo místico, el budismo esotérico, el sufismo islámico, la cábala y el Sohar judíos, etc., y es bien sabido que en toda institución religiosa o sociedad secreta, el gradual ascenso jerárquico de los adeptos (acompañado de ceremonias rituales de "iniciación"), lo determina la apropiación de cada vez un más amplio conocimiento doctrinal, el cual es de suponerse que se traducirá en firmeza moral, control de las emociones, responsabilidad de actuación, etc. de parte del adepto, quien de este modo se hace apto para asumir cargos de mayor responsabilidad.

Curiosamente, los rituales de iniciación están directamente relacionados con el dominio del poder creador por parte del adepto, entonces se hacen coincidir (como en distintos grupos aborígenes) con etapas características de la maduración sexual.

EN ESTE CAPÍTULO,

HAGO UN DESGLOSE DE LAS TRAMPAS PSICOLÓGICAS DE LA DOCTRINA CRISTIANA, MEDIANTE LAS CUALES CONTROLA Y DIRIGE LA MENTE SOCIAL. ANALIZANDO LA FORMA EN QUE OPERAN EN EL SUBCONSCIENTE TANTO MITOS COMO DOGMAS PARA LOGRAR LOS EFECTOS CALCULADOS DE PASIVIDAD SUMISIÓN Y DEPENDENCIA ENTRE LA POBLACIÓN. INCULCANDO TEMOR PERO EXALTANDO AL MISMO TIEMPO LA ARROGANCIA HUMANA.

«CUALQUIER DOCTRINA FILOSOFICA O RELIGIOSA, POR MUY NOBLE QUE PAREZCA, SI SE ALIMENTA DE LA IGNORANCIA Y SE BASA EN LA INTIMIDACION, NO PUEDE CONSIDERARSE SINO COMO UNA INFAME Y PERVERSA MAQUINACION», C.P.

«EL CRISTIANISMO ESTA MARAVILLOSAMENTE PLANEADO PARA ESCLAVIZAR A LA GENTE Y FRENAR EL PROGRESO», Emma Goldman

«ME GUSTA ESA RELIGION DE ESCLAVOS, NO TENGO QUE PENSAR O DUDAR, SOLO HAY QUE OBEDECER», Oleg Kiselev

Capítulo 5

EL REINO DIVINO DEL SURREALISMO, ESTRUCTURA DEL ARMA PSICOLOGICA

El mayor negocio de la historia humana ha sido siempre el fraude, aunque en diferentes presentaciones: La política, el comercio, la religión, etc. El primer paso es enajenar tu mente mediante una doctrina, para hacerte creer lo que a ellos conviene que creas; en seguida viene la manipulación y el abuso sobre tu persona.

Nos aprestamos ahora a desmadejar el instrumento psicológico contenido en la doctrina y plasmado en Biblia, catecismo, bulas papales, etc., pero sobre todo, ya hondamente arraigado en nuestro subconsciente; y mediante el cual la institución religiosa ha logrado históricamente cumplir con esa compleja misión encomendada por el estado, de crear un surrealismo que ofrezca a las masas los satisfactores ficticios a sus necesidades materiales, mientras se le inculca las actitudes propicias para su dominio: pasividad, sumisión y dependencia; y de paso se les dicta como vivir y a que aspirar.

El instrumento psicológico en cuestión, diseñado y refinado por la institución a través de su doctrina religiosa y a lo largo de su historia, se compone de dos elementos fundamentales ingeniosamente entretejidos en la trama doctrinal: **Mitos y Dogmas.**

Es importante; sin embargo, reconocer primero el destacable refinamiento y la gran eficacia que ésta doctrina desarrollada por la institución católica, **la "Teología cristiana"**, ha alcanzado. Pero a la vez entender que su ingeniosa infraestructura dogmática no surgió de la noche a la mañana, ni fue revelada por dios -como pretende la institución-, sino que, en su forma actual, es el resultado de un largo, vacilante y torcido proceso histórico de aproximadamente 1700 años.

Sus inicios se remontan a la iniciativa ya descrita del emperador Constantino, pasando luego por un largo periodo de maduración que alcanza su plenitud durante la "edad media" a través del desarrollo de la "escolástica" y de la experiencia directa de dominio social que ejerció la institución. Sus posteriores características se han venido definiendo en concilios y por eventuales aportaciones de diversos líderes institucionales mediante "bulas papales", encíclicas, edictos; llegando finalmente a consolidarse en el refinado instrumento de lavado cerebral y dominio subconsciente que es ahora.

Y debemos tener presente que gracias a su largo camino de experiencia, han podido madurar y preparar la doctrina para enfrentar prácticamente cualquier tipo de cuestionamiento o ataque y para actuar eficazmente en la seducción y enajenación de las mentes en sociedades diversas y heterogéneas, de cualquier región y época.

Si pretendemos neutralizar su efecto hay que conocerlo cabalmente y debemos reconocer que no es un enemigo externo contra el que podamos simplemente interponer un escudo protector, sino más bien, un componente interno de nuestra propia personalidad y crónicamente arraigado en nuestro subconsciente. Tenemos que identificarlo, tomar conciencia de su efecto nocivo y erradicarlo.

La doctrina, actuando a manera de "caballo de Troya", penetra con suavidad en el subconsciente gracias a la acción de los mitos; pero oculta un arsenal de dogmas que entonces salen y actúan, inoculando un "virus" que queda permanentemente alojado y que puede ser estimulado desde el exterior para polarizar la percepción y la actuación del anfitrión de forma controlada -conforme sea requerido por esos intereses externos-. Está premeditadamente diseñada para actuar y manifestarse en el plano de las emociones y de los sentimientos, evadiendo e inhibiendo así -de forma ingeniosa-, la utilización del raciocinio por parte del anfitrión.

Toda institución religiosa, comisionada por el estado, encausa sus esfuerzos y sus recursos a la creación de dogmas y al diseño y promoción de los mitos que les servirán de vehículo hacia el subconsciente social.

EL MITO TEOLOGICO

Se trata de bellas historias fabulosas y heroicas que tiene como base un hecho real y que tienen un especial poder de seducción y de fascinación sobre la gente. En la doctrina cristiana son particularmente abundantes.

Así que, aunque podamos estimar el efecto dañino del dogma, y entendiéndose que para que su implantación se lleve a efecto es necesario el consentimiento de la gente, pudiéndose suponer una tarea complicada; no lo resulta tanto, gracias a que entran en escena los mitos y lo adoptamos de manera inconsciente bajo el efecto seductor de ellos.

La estrategia de seducción del mito teológico consiste en:

a). **Despertar o avivar el sentimentalismo popular**. ¿Qué pasa cuando el bello mito cristiano nos presenta un héroe fabuloso que inspira simpatía y cuya historia despierta compasión; con quien nos podemos identificar y en quien podemos ver personificadas las más nobles y elevadas aspiraciones espirituales de la humanidad y además se nos dice, primero que se encarnó para compartir solidariamente el sufrimiento y limitaciones humanas y luego, que se ofreció en auto-sacrificio para favorecernos? Lo menos que podemos hacer es aceptarlo y admirar ese sacrificio.

b). **Exaltar la arrogancia y la soberbia humanas.** Desde tres perspectivas:

La leyenda del pueblo elegido predilecto de dios (originada en el judaísmo y legada al cristianismo). Si te dicen que eres preferido por la divinidad, es muy fácil que aceptes el resto de la doctrina pues ya eres favorecido.

La leyenda del dios antropomorfo. Que somos hechos a su imagen y semejanza, distinguiéndonos de entre toda su creación. No solo nos quiere sino que además somos igual de bonitos que él.

La cuantiosa promesa de la salvación. El otorgamiento de un paraíso por gracia divina y la relativa facilidad para obtenerlo.

En todos ellos se hace a la humanidad sentirse cercana y favorecida por su creador, mientras se le alimenta la ilusión de alcanzar, por otorgamiento, un destino glorioso después del sufrimiento terrenal.

De esta forma es como los mitos se constituyen efectivamente en el "caballo de Troya" que los dogmas requieren para introducirse e implantarse en el subconsciente social.

Y una vez implantados, la mente popular ya está lista para aceptar el chantaje; esto propicia un ambiente de corrupción doctrinal y soborno en la relación de dios para con los hombres.

En última instancia, los creadores de mitos recurren también a explotar recurrentemente las debilidades psicológicas sociales conocidas que subyugan la voluntad, entre las que se cuentan:

- El temor por lo desconocido

- La fascinación por lo maravilloso

- La ilusión de actuar a través de la actuación de algún héroe

- La ilusión de realidad por virtud del consenso social

Y un elemento que siempre estará presente en doctrinas religiosas y políticas es **la intimidación**, en este caso, mediante leyendas como la del dios severo y vengativo (Jehová) o la del demonio y su infierno.

EFECTO MEDIATO: *Una vez aceptado el mito cristiano, la divinidad de Jesús, sus milagros y la intención planteada de su gestión quedan fuera de toda discusión. Correspondiéndonos únicamente la reverente contemplación de su obra.*

El mito por si solo; parecería inofensivo y hasta ingenuo, pero cuando porta dogmas y entra en escena la institución, tomando las riendas de todo, entonces ¡cuidado! Ya veremos por qué.

Por otra parte, la leyenda de Jesucristo en particular, no es una creación original. Desde la anunciación de su concepción virginal, su tierno y fantástico nacimiento, sus numerosos y portentosos milagros, su enérgica predicación, su gracioso sacrificio por la humanidad, hasta su gloriosa resurrección y apoteosis; son todos ellos elementos adoptados de leyendas de "salvadores divinos" provenientes de diversas tradiciones religiosas (Horus, Tammuz, Mitra, Dionisio, Zarathustra, Krishna, Buda, etc.), que convergían en ese crisol cultural en que se constituyó palestina y que fueron integradas en un rudimentario eclecticismo.

Una característica destacable, común a todas esas leyendas es que se trata de alegorías del culto solar. Sí, todos los "salvadores" de la humanidad, incluyendo a Jesucristo, invariablemente se hicieron equiparar con ese majestuoso ser del mundo real, y verdadero dador de vida que es el Sol, de tal forma que los acontecimientos de sus vidas -como se narran en sus leyendas- se hicieron coincidir con las fases cósmicas del peregrinar anual del Sol, que dan lugar a las estaciones, provocando la renovación de los ciclos de vida sobre la tierra.

El petróleo que es el material más preciado en nuestra civilización presente, se sabe que fue producido por la actividad fotosintética de los vegetales de tiempos remotos, que trabajando a manera de acumuladores de la energía solar, nos permiten ahora aprovecharla ampliamente.

Los invito a repasar la alegoría cristiana identificando su equivalencia cósmica:

"Cuando la más profunda oscuridad asolaba a la humanidad; en el oriente apareció una virgen y de ella nació un salvador, quien desde el más humilde origen fue creciendo en sabiduría, gracia y poder"

Se habla del Sol en el solsticio invernal, que desde la perspectiva de los pueblos del hemisferio norte (donde nacieron estas leyendas), puede suponerse que nace en el trópico de Capricornio, desde donde inicia su camino ascendente hacia las latitudes boreales. Entonces sus rayos son débiles por lo que parece un infante, y coincidentemente la constelación de virgo se observa en oriente a la media noche.

"Llegado el momento fue crucificado y de este modo dio su vida para la salvación de la humanidad"

Al llegar el equinoccio de primavera, el Sol está "cruzando" por el ecuador y produce en la tierra, la germinación de las semillas que renovarán la vegetación que dará sustento a los otros reinos de vida.

"Luego resucitó y en breve ascendió al trono de su padre y su hogar celestial, para reinar sobre el mundo"

En el solsticio de verano el Sol alcanza el trópico de Cáncer y su mayor esplendor, dando regocijo a los pueblos boreales.

"Finalmente se alejó de nosotros, habiéndonos dejado el pan de vida y la promesa de su futuro retorno"

En el equinoccio de otoño, el Sol va de vuelta a las latitudes australes, parece alejarse y debilitarse, pero nos ha dejado frutos maduros que darán sustento a la humanidad, mientras se verifica un nuevo ciclo anual.

EL CONCEPTO DE DEMONIO

El elemento intimidatorio doctrinal que se hace presente en el mito cristiano, tiene dos afluentes principales: el dios severo, celoso y vengativo y la entidad divina del mal "el demonio", una creación mítica compuesta de elementos provenientes de otras tradiciones religiosas (así como lo fue la imagen del propio Jesucristo).

En la mitología greco-romana, a Luzbel se le consideraba el portador de luz (o de conocimiento). En el judaísmo, el profeta Isaías habla de Lucifer como un ángel caído (lógico, puesto que el conocimiento no podía ser permitido por el dios Jehová). A lo largo del antiguo testamento el término "Satanás" era más bien una figura del lenguaje usada para denotar la obstrucción y para cotejar la capacidad de los hombres para ser fieles a su creador; En el nuevo testamento el término "demonio" aplicaba para indicar desórdenes mentales en personas asistidas por la acción curativa milagrosa de Jesucristo; sin embargo, es a partir del libro del "Apocalipsis" (interpretado oficialmente como la descripción de la batalla final entre el bien y el mal) donde, de manera indiscriminada y arbitraria, todos esos términos se funden -como sinónimos-, en un concepto único que designa al enemigo de la obra del Cristo y representan en última instancia, a todo aquello que se opone a la doctrina teológica.

El demonio es presentado entonces como el enemigo natural de dios y causante de todos los males y sufrimientos humanos al instigar al hombre hacia el mal. Un enemigo que podría poner en riesgo el otorgamiento del derecho a la vida eterna y contra quien por cierto, la institución presume que puede ofrecer protección -ha inclusive, inventado rituales sofisticados y sensacionalistas para enfrentarlo, como los "exorcismos"-. Adjudicándose de este modo, autoridad social.

Desde esta perspectiva, la obra del Cristo "salvador", conforme a mito y doctrina, no tendría sentido sin la existencia previa de la figura del demonio; quien por tanto cobra mayor preeminencia y pasa a convertirse realmente en el hijo predilecto de la iglesia, ya que tuvo que ser un diseño cuidadosamente elaborado y que finalmente resultó todo un éxito. El más refinado instrumento de la doctrina para provocar intimidación, que le ha permitido sembrar el terror y de este modo acrecentar su hegemonía social; inclusive le ha permitido a la institución adjudicarse la justificación social y el derecho para asesinar a sus enemigos políticos.

En la concepción del demonio se revela; sin embargo, una curiosa situación, digna de mucha atención: **el ángel caído resulta ser inteligente y desobediente, características que le valen la desaprobación de la divinidad suprema y le hacen merecedor de severo castigo**. ¡Estupenda advertencia para que a la población no se le ocurra imitarlo!. Por contraposición quedan sobreentendidas las actitudes que son aceptables y permitidas.

EL TEMOR A LA MUERTE

Y no debemos olvidar al agente de intimidación por excelencia. Desde nuestro origen, el enemigo natural de la soberbia humana, la realidad más dolorosa y que más nos aterra ha sido la certeza de ser mortales, la conciencia de nuestra finitud; que es nuestro real e incontrovertible destino común.

La naturaleza es pródiga al asegurar, a través de la reproducción y el aprovisionamiento de los medios de subsistencia, un largo periodo de permanencia, de la humanidad, como especie, sobre la superficie del planeta. Pero pretender la inmortalidad de cada individuo, se acusa como una ilusión de la arrogancia humana y una absurda necedad.

Nuestra incapacidad para asimilar la natural ley de decrepitud y muerte que obra sobre nosotros, se ha convertido en la fuente fundamental de nuestro sufrimiento. Las Religiones entonces, se ven en la obligación de ofrecer, si no una solución, sí al menos un consuelo frente a ella.

La teología obviamente no ofrece una solución, pero al llevar el asunto de la razón última de la existencia humana a planos metafísicos y fantásticos, ha tenido la posibilidad de postular (aunque tampoco de forma original ya que se trata de una idea adoptada de otras doctrinas) que esta vida es transitoria dentro de una existencia eterna, por medio de un alma inmortal inherente a cada individuo; y de ofrecer algunos mecanismos artificiosos (bajo su control) para otorgar el derecho a esa vida eterna, mediante la "indulgencia".

También es curiosa la tendencia de los creadores teológicos, a asignar una personificación a conceptos y a fenómenos naturales. Podemos identificar por ejemplo: dios (personificación de la naturaleza), demonio (personificación del mal y el sufrimiento), muerte (personificación del evento natural de la transición última de los seres vivos), etc. Hay dos intenciones denunciables para este aparente desliz doctrinal; primero acostumbrar a la población a entender estos fenómenos a "imagen y semejanza del hombre" y luego ver con naturalidad la idea de que ellos tengan una voluntad propia. Voluntad que luego puede ser fácilmente manejada (dentro de la trama doctrinal) por el capricho institucional.

EFECTO MEDIATO: *Cuando aceptamos la existencia del demonio (así como la existencia de dios), dejamos de percibir la ley de consecuencia en la actuación humana y podemos, inclusive, desprendernos de la responsabilidad sobre ella; pero más significativamente, desdeñamos el valor de la experiencia en el proceso de aprendizaje, y la importancia de la utilización del raciocinio en nuestras vivencias.*

En la naturaleza podemos observar sí, la acción de fuerzas de polaridad contraria pero de naturaleza idéntica, que en su interacción dan origen a toda manifestación activa, produciendo un comportamiento latente continuo de los procesos naturales: día-noche, vigilia-sueño, hombre-mujer, inspiración-expiración, nacimiento-muerte, ingestión-excreción, etc.; pero nunca en disputa o conflicto en busca de la supremacía; sino en una sutil armonía que da vitalidad y dinamismo al universo.

El demonio no existe; pero si la maldad humana, asociada al grado de conciencia, así como al egoísmo y arrogancia aplicados a la convivencia social. El éxito en la lucha contra el mal depende directamente del grado de conciencia de los individuos involucrados.

Nietzsche, planteaba que "lo bueno" es todo aquello que exalta el sentido del poder y de superación en el hombre; mientras que "lo malo" es la debilidad, el miedo y el conformismo. Desde esta perspectiva, el cristianismo significa la compasión hacia los fracasados y hacia los débiles, promoviendo valores antinaturales y la anti-razón, que entorpecen la ley de progreso.

Nietzsche hace notar también que en el paso del dios judío al cristiano hay un proceso decadente ya que se deja atrás a un dios poderoso y se da paso a uno débil y bondadoso, que crea su reino entre los marginados. Con la doctrina cristiana inculcan en el pueblo sentimientos y actitudes que lo hacen débil y vulnerable (nobleza, honestidad, altruismo, etc.), colocándose ellos en las actitudes que les permiten sacar provecho de aquellas.

Lo más lamentable es que con ese mito infantil y rudimentario y con ese deplorable registro histórico; aún en la actualidad lo aceptemos con complacencia. Y es decepcionante que de entonces a la fecha no hayamos sido capaces de elaborar una mejor idea de dios (una divinidad menos imperfecta y un papel humano menos degradante).

No puedes aceptar una noción tan rudimentaria de la divinidad, porque entonces tus expectativas espirituales personales se hacen también muy limitadas.

EL DOGMA TEOLOGICO

Se entiende que un dogma es una afirmación cuya veracidad no admite discusión, en cierto sentido un axioma; pero el dogma va más allá, es en esencia *un mandato o prescripción decretado por el estado, e inducido al subconsciente social mediante mitos (creados principalmente por la institución religiosa), para conformar una estructura mental propicia a la dominación; ejerciendo un efecto predefinido de control y conducción sobre la sociedad.*

Los dogmas condicionan la mentalidad y la actividad popular y la limitan, produciendo a la vez dos efectos calculados:

a. *un efecto enajenador*, al crear un surrealismo que confina la actividad mental y el alcance de las aspiraciones espirituales de la población.

b. *un efecto domesticador*, al implantar un ambiente de intimidación con el que definen el comportamiento social permisible.

Aclarando de antemano que los dogmas no son explícitos en la doctrina, pero su efecto si es muy patente. Cada dogma contribuye, en mayor o en menor medida, en la consecución de ambos objetivos y resultaría difícil clasificarlos tajantemente hacia uno u otro grupo, así que, sin perder de vista ambos objetivos, identificare los dogmas que considero estructuralmente más significativos, y los clasificaré atendiendo más bien a su aparición cronológica:

DOGMAS DEL JUDAISMO

Puesto que la judía era una religión perfectamente madurada y asimilada a la estructuración de la sociedad, los dogmas que se gestaron en el judaísmo constituyeron las riendas fundamentales para la conducción social, por lo que era conveniente preservarlos en la nueva doctrina:

a. la omnipotencia y la preeminencia del dios creador

b. la revelación divina

c. la intermediación de hombres elegidos (el profetismo)

d. la exigencia de obediencia en base al concepto de pecado

DOGMAS DEL CRISTIANISMO

En el diseño de la nueva doctrina se juzgó conveniente agregar estos otros que completan el confinamiento ideológico para el control social pleno:

e. el destino, divinamente predefinido

f. la impotencia e ineptitud del vulgo

g. la institucionalización de la intermediación

EL ESCENARIO DE LA PERCEPCION SOCIAL

Se justifican los acomodos producidos al pasar de una doctrina a la otra mediante algunos postulados existenciales que limitan la percepción social.

i. postulación de cielos e infiernos metafísicos

ii. postulación de la pugna entre el bien y el mal

iii. postulación de la fe como camino de salvación

ANALISIS DE LAS CARACTERISITCAS Y EFECTOS DOGMATICOS:

a. la omnipotencia y la preeminencia del dios creador

Postula la existencia de una entidad personalizada con voluntad e intereses superiores a los humanos, voluntad que define el acontecer mundial y el devenir histórico y cuya autoridad por tanto, se coloca por encima de cualquier individuo e inclusive por encima de la humanidad en su conjunto.

Perspectiva que por sí sola parece natural, lógica e inofensiva.

b. la revelación divina

Es el fraude y pilar fundamental de la estrategia de engaño, que legitima cualquier construcción mítica ulterior, es decir, el surrealismo con el que se entreteje la manipulación social. Se hace acompañar de la noción de **que los designios divinos son inescrutables**, para presentar a la sociedad, como voluntad divina, un conjunto de decretos que portan intereses gremiales, previamente planeados.

*El perjuicio del acto ingenuo de aceptar la revelación es mayor que el incierto beneficio espiritual que propone, pues **te hace víctima voluntaria del fraude** que involucra. Al aceptarlo circunscribes tu universo a una ficción creada por alguien más. Te enajenas, te fanatizas y no te permites asimilar que cada religión es una creación humana, evadiéndote de la posibilidad de entender, de forma sencilla, su origen e intención.*

*Al aceptarla también **caes en un grave sofisma**, ya que la historia, así como el conocimiento, no pueden provenir de una "revelación" sino de una investigación. El conocimiento recibido por revelación no sirve pues no es asimilable (es como decirle a un niño la teoría de como andar en bicicleta). El conocimiento que construimos es el que podemos asimilar, así que debemos ser agentes activos en la construcción del conocimiento.*

*En resumen, **la revelación, nos adjudica una condición de autómatas y nos hace propensos al engaño**.*

c. la intermediación de hombres elegidos (profetismo)

Es la primera treta instaurada gracias a la revelación divina. Esa revelación tuvo que haber sido entregada a alguien, así que se señala la superioridad de esos listos que la recibieron y que fueron favorecidos por la preferencia divina, mientras se degrada a las masas. Los primitivos intermediarios, llamados profetas o Mesías, quienes se dice, recibían por inspiración y de primera mano las revelaciones y prescripciones divinas. -pero notemos que nunca está dios presente para confirmarlo-. Es tan significativa la posición social de "el que sabe" que a médicos, abogados -y sacerdotes- se les obedece prácticamente sin cuestionar y cuentan con inmunidad legal.

Más allá del absurdo de que un dios omnipotente y omnisciente tenga el poco juicio, la desidia y el descuido de entregar su importante revelación bajo condiciones que la exponen inclusive a su desaparición; sujeta a un devenir histórico incierto, a un deterioro progresivo, a múltiples modificaciones, mutilaciones, interpretaciones subjetivas, etc. dejando en la incertidumbre la posibilidad de que la población acceda a ella. Si él es omnipotente y si dentro de su plan divino, esa revelación es tan importante para la humanidad, simplemente debería poder revelarla a todos, de forma clara y sin rodeos.

Y no tiene por qué iniciar un proceso discriminatorio entre sus criaturas mediante preferencias caprichosas. La realidad es que, a lo largo de la historia, podemos identificar a múltiples vivales que han echado mano de este recurso, auto-nombrándose depositarios de una "revelación divina" para exaltar su propia imagen social y ganar poder, sea en la forma de posicionamiento político o para fundar alguna nueva religión, ejemplos: Moisés, Pablo, Mahoma, Joseph Smith, Hitler, Bush, etc.

d. la exigencia de obediencia en base al concepto de pecado (ofensa a dios)

Es la segunda artimaña derivada de la revelación divina; Se impone a la población un código moral (un comportamiento social permisible) "divinamente" diseñado. Se le exige su cumplimiento y se le amenaza con castigo severo ante la condición de incumplimiento o "Pecado".

Lo que se castiga realmente es la desobediencia y el código se diseña para que no haya persona exenta de culpa y de deuda para con "dios". Así vemos que cualquier exceso en la saciedad de las necesidades es tipificado como pecado, en particular el sexo.

El código moral se constituye en el primer experimento de conducción del comportamiento social. Y el concepto de "pecado" o incumplimiento se convierte en instrumento de chantaje y extorsión, para que no andemos queriendo actuar por voluntad propia.

Concluimos hasta aquí que lo que dios exige de ti es sumisión y obediencia.

En seguida analizamos las aportaciones del cristianismo:

e. el destino, divinamente predefinido

Se decreta que tanto el destino de la humanidad como el de cada individuo, han sido determinados por dios de forma anticipada y que no son susceptibles de modificación por la acción humana.

Es implícita la noción de que fue en los acontecimientos del pasado donde se definió el futuro eterno para la humanidad. De modo que a quienes vivimos el presente no nos corresponde ni inventar ni transformar solo obedecer y alabar.

f. la impotencia e ineptitud del vulgo

Empieza con la conocida afirmación de que los designios divinos son inescrutables; se extiende a la prohibición de intentar comunicarnos personalmente con dios y culmina con la postulación de nuestra incapacidad para saldar nuestras propias deudas hacia dios, por lo que dependemos absolutamente de la "gracia divina" (manifiesta como el otorgamiento caprichoso y mórbido de premios o castigos de parte de la divinidad hacia los hombres). En el antiguo testamento, cuando los hombres eran sexualmente impotentes, tenía que venir el "espíritu santo" a realizar el trabajo por ellos.

Se impone al hombre la dependencia, al suponer que los problemas existentes, corresponde a una voluntad divina venir a resolverlos; pero ¡cuidado! Una cosa es que te ayuden y otra que te declaren inútil o imbécil...

g. la institucionalización de la intermediación

Los dos elementos fundamentales del dogmatismo: la revelación y la intermediación, se adjudican ahora a una institución, la católica. De este modo el adepto solo puede dirigirse a dios a través de la institución autorizada. La veneración y obediencia que los hombres no pueden expresar hacia su creador por serles inaccesible, lo pueden hacer hacia su iglesia.

Con esta ingeniosa estrategia además, las determinaciones divinas y las figuras de autoridad recaen, no en personas específicas sino en una organización; superando de este modo, importantes deficiencias del esquema profético judío, donde los decretos divinos eran expresados por el profeta una vez y para siempre. La institución está ahora en la posibilidad de realizar los ajustes doctrinales que se juzguen convenientes, y para el pueblo, las disposiciones institucionales asumirán carácter divino.

Como depositaria de la revelación y delegada de la autoridad divina, la iglesia se adjudica potestad absoluta en todos los asuntos religiosos y puede reajustar los términos doctrinales, particularmente para otorgar indulgencia conforme a su apreciación y conveniencia.

Y es por eso que en tiempos actuales, figuras accesorias como la del papa, la institución las llega a postular con mayor relevancia que la del propio Jesucristo. Sustituyendo en la práctica religiosa social la imagen de aquel.

EL ESCENARIO DE LA PERCEPCION SOCIAL

Ya asumida su potestad y delegación divinas, la primera gran treta institucional para el enajenamiento social de la realidad fue dejar atrás la percepción judía de la bienaventuranza otorgada en la vida real, poniendo ahora la expectativa en un escenario surrealista. Y al final señalar también como irrelevante el propio comportamiento de los individuos, dando paso a la fe y exaltando la gracia. Delimitando de esta forma el escenario de la percepción social, bajo 3 postulados:

i. *Postulación de cielos e infiernos metafísicos*

La doctrina cumple el propósito de evadir a la población de su realidad objetiva, ofreciendo cielos metafísicos aplazados para una etapa "post mortem", ya que, conforme a su real intención, no puede ofrecer beneficios objetivos y reales a la feligresía.

ii. *Postulación de la pugna entre el bien y el mal*

El "bien" y el "mal" son señalados como las fuerzas supremas que mueven al universo y que además de ser personificadas por dos entidades divinas, son antagónicas y se encuentran en pugna por alcanzar la supremacía universal. Ambos elementos se convierten entonces, en los caminos optativos en pos de la "salvación". La salvación es planteada como el objetivo primordial de la vida terrenal para la humanidad y su otorgamiento depende finalmente de la obediencia de los individuos.

Políticamente, la inclinación del individuo hacia uno de los polos señalados, sirve también, de forma accesoria, para etiquetar a "buenos" y "malos" y, en última instancia, para justificar ataques institucionales contra "los malos".

iii. *Postulación de la fe como camino de salvación.*

Ante el desolador panorama planteado por los dogmas, que atacan a la población desde dos frentes: señalando por un lado su impotencia o ineptitud y por el otro, reiterando la amenaza de castigo eterno; entonces la recompensa ofrecida a cambio, a través de la gracia divina e institucional, no deja a la población otra alternativa que confiar (aplicar la fe). Mientras la institución cierra el cerco ideológico afirmando **que "a los asuntos espirituales y a la percepción de dios no se accede por la razón sino por la fe"** y sugiriendo instrumentos "acreditados" para la práctica de la fe -por cierto, tan ridículos como estériles-: la oración, la alabanza, la devoción, etc.

La fe es entonces tan valorada por la institución que la señala como el "don más precioso del ser humano", y durante su ministerio se refieren a ella con el pomposo mote de "el misterio de la fe".

Pero sabemos que tener fe no es ninguna virtud y no hay que confundir la fe con la expectativa optimista sobre el futuro.

EFECTOS MEDIATOS: *Cuando aceptamos este esquema dogmático, no tenemos más camino que someter nuestra voluntad propia a aquella voluntad suprema, así como reverenciar a los portadores de la revelación de dicha voluntad, que deben ser apreciados como superiores. Además tendríamos que sentirnos siempre en deuda con ese dios y por tanto, merecedores de castigo.*

Podemos además, suponer que las cosas marchan como debieran pues siguen un plan divino, y no se percibiría la necesidad ni la viabilidad de participar en su acontecer. Nos volvemos apáticos, indiferentes e indolentes; asimismo, al reconocernos impotentes, sufrimos una desvalorización personal y nos hacemos dependientes de las autoridades competentes, en quienes suponemos se depositó potestad, esperando a que las cosas sucedan por otorgamiento divino.

LA BIBLIA

El compendio doctrinal del cristianismo, que en su versión oficial, avalado en el concilio de Cartago, fue llamado "vulgata", escrito en Griego y que ya incluía al antiguo testamento; tuvo que integrar todos los elementos míticos y dogmáticos descritos en este capítulo y debido a las múltiples dificultades que esto presuponía en cuanto a lenguaje, tiempo y espacio, principalmente debido a la contradicción fundamental de combinar las doctrinas antagónicas judía y cristiana; la Biblia -desde la perspectiva de un análisis serio y formal tanto en su aspecto histórico como literario-, terminó siendo un revoltijo de mitos y leyendas, una obra sin valor literario ni profundidad filosófica. Un documento anacrónico e inconsistente, cúmulo de necedades y contradicciones, donde irónicamente la muchedumbre religiosa admite identificar la palabra de dios. Pero esa "palabra de dios" se refuta a sí misma mediante múltiples inconsistencias y hasta aberraciones.

Para empezar no puede exhibir legitimidad. No se sabe de donde salieron los escritores evangélicos: Mateo, Marcos, Lucas y Juan; ni quien los autoriza a escribir, y esto se vuelve un círculo vicioso; es decir, los escritores evangélicos justifican la existencia de Jesús; los "hechos de los apóstoles" -principalmente atribuidos a Pablo-, justifican la participación de los escritores evangélicos; Pero y ¿quién justifica a los hechos y a Pablo? Pues solo él mismo, y termina siendo pablo, la fuente definitiva de toda la fábula, y Pablo ignora mucho de lo que la versión actual dice sobre Jesús.

Muchos pasajes presentes en los evangelios actuales no figuran en los originales, por lo que se revela una constante modificación y adecuación de los mismos por parte de la autoridad eclesiástica.

Y ¿cómo creer lo que dicen los escritores evangélicos? ellos no dicen quien se los dijo ni aclaran ser divinamente inspirados. Su único argumento, que encontramos de forma reiterativa en los evangelios consiste en decir: **"el que lo** vio da testimonio, y su testimonio es verdadero, y él sabe que dice la verdad, para que también nosotros creamos".

Entonces es un documento cuyos propios personajes e instrumentos establecen la confirmación de la doctrina:

- Jesús dice que él es "el camino, la verdad y la vida", que nadie llega al padre sino a través de él.

- Pablo dice que él fue llamado por Jesucristo para continuar su obra...

- La Biblia dice que lo que está escrito es verdadero y que no puede ser alterado

¿Podemos detectar el vicio y el fraude en toda esta maraña? Para mi está muy claro.

Ya refiriéndonos específicamente a la información contenida en los textos; existen primero, grandes inconsistencias en las conexiones entre el antiguo y el nuevo testamento; principalmente en lo referente al supuesto cumplimiento de las profecías del viejo testamento en la vida de Jesús. Esto resulta ser una verdadera burla para los creyentes ya que -si analizamos con cuidado-, son profecías que, por principio de cuentas, no hablan de la venida de un hijo de dios; sino de diversos hechos aislados, sin relación, ni sentido.

Igualmente si observamos el panorama completo, los actos descritos de la vida de Jesús, que presumen seguir un plan divino predefinido, terminan por no tener ningún sentido. Que si viene acá, que si va allá, que si hace esto o lo otro, que si habla en parábolas o en serio, todo da lo mismo, no existe diferencia alguna.

Una forma muy efectiva de caer en cuenta del carácter infantil y principalmente de la falsedad de los pasajes del nuevo testamento es preguntarnos: **¿Cómo pudo saberlo quien lo escribió?** Ninguno estaba ahí y ninguno sabía arameo; o acaso ¿pudieron ver al interior de la mente de los personajes?:

- Que a María se le apareció un ángel y lo que le dijo

- Sobre lo que soñó José tanto en Israel como en Egipto

- Sobre lo que Jesús vio descender del cielo y lo que escucho el día que fue bautizado en el rio

- Lo que aconteció a Jesús en el desierto

No hay acuerdo en lo que narran sobre la fecha de nacimiento de Jesús y su genealogía, como tampoco en cuanto a:

- Lo que ocurrió en el momento de la crucifixión y lo que dijo Jesús en la cruz antes de morir.

- Las condiciones de su resurrección

Por si fuera poco, no conocen la geografía de los lugares en los que vivió Jesús ni las costumbres del pueblo Judío.

En suma, describen acontecimientos triviales con demasiado detalle, mientras que por otro lado exhiben; imprecisiones imperdonables en asuntos realmente importantes; revelando con todo lo anterior, el absurdo de su pretendida "inspiración divina".

Concluyo que a fin de cuentas, todo cuanto es dicho a cerca de Jesús, siendo interpolaciones arregladas y tomadas de múltiples tradiciones, configuran a un personaje completamente artificial y distinto de lo que pudo ser el Jesús real, al cual nunca podremos conocer.

Pero ahí no queda todo. Si los escritores evangélicos tienen divergencias y errores; entonces para llegar a la interpretación oficial única, ¿debemos acaso suponer que los exegetas también son inspirados? Y ¿Por qué se tiene que inventar otras explicaciones artificiosas para dar sentido a las originales?

En cuanto a la interpretación de los textos bíblicos, todo es susceptible de especulaciones y conjeturas, manejables conforme a diversos intereses. Su único valor reside en el hecho de que se trata de un registro documental del trabajo intencionado de sus creadores, revelando características interesantes de su estrategia político-social.

SINOPSIS DEL FRAUDE RELIGIOSO

Mediante esta breve sinopsis pretendo, además de plasmar de manera resumida cuanto hasta aquí se ha declarado sobre dogma e institución cristianas, dar también respuesta y establecer una formal proscripción a comentarios cotidianamente empleados por la población inmersa en el surrealismo doctrinal, tales como:

- "Es que la religión no es algo que crees, sino algo que sientes aquí en el corazón y es un asunto personal e íntimo que no puede ser objeto de cuestionamiento, mucho menos de censura"

- "Es que nadie te obliga; si tú quieres lo crees"

- "Es que la religión ha sido manejada por humanos, sí dedicados al servicio de dios, pero que han tenido errores o intereses mezquinos, por eso ha degenerado…"

Un error común del creyente de buena fe es el de suponer «que la revelación y la misión divina de Jesucristo son ciertas sin discusión; y atribuyen entonces, los defectos doctrinales o institucionales, a usurpadores infiltrados, que han venido a desvirtuar y a contaminar su sentido original y sagrado (desligando lo sagrado de lo mundano). La realidad es más simple y menos romántica que eso. No han existido ni revelación ni misión divinas, ambas son parte de la creación doctrinal de la institución católica. El "cristianismo" es una institución humana, no tiene origen divino.

El evangelio no fue deformado por gente malintencionada; esa gente malintencionada fue de hecho quien creó la imagen divinizada de Jesucristo junto con su evangelio, y lo hicieron con un plan predefinido y ciertamente con intenciones perversas. Cuesta trabajo asimilarlo pero tarde o temprano, tenemos que afrontarlo así.

Y creo que hasta este punto de nuestro tratado, se han puesto ya de manifiesto algunas importantes realidades en cuanto al dogma y a la historia institucional, que nos permiten establecer una sólida censura a su existencia:

a. La farsa general del mito cristiano: cielo, infierno, salvación, condena, revelación divina, encarnación divina, misión redentora, etc.

b. Que no es un engaño inofensivo, sino intencionado para dominar y explotar, estableciendo además métodos corruptos: revelación, intermediación, destino predefinido, institución delegada y su instrumento especializado de represión y extorsión, "el pecado".

c. Que no es un peligro externo del cual cuidarse sino que de hecho está alojado en nuestro subconsciente y forma parte de nuestra personalidad, constituyéndose en base de la idiosincrasia social.

d. Que no es un asunto subjetivo e íntimo sino de repercusión social e histórica. Así que desgraciadamente, el asumir una actitud indiferente hacia ella (como hacia la política) ni nos hace inmunes ni nos exonera de la culpabilidad por sus efectos sociales. Somos participes desde que nacemos, ese sería el real "pecado original".

e. Que no hay intervención divina en la historia humana; Que la institución no es depositaria de una revelación, ni delegada de autoridad divina sobre la tierra.

f. Que pasado y presente de la institución católica evidencian tiranía y criminalidad y la perversidad de su intención. Por consecuencia, que es indigna de ostentar autoridad o liderazgo moral en la sociedad. Y que ante la imposibilidad de establecer un juicio civil contra ella, debemos al menos, efectuar un juicio moral desde nuestra conciencia colectiva y situarla en la ignominia social que le corresponde, como primer paso a su definitiva erradicación del escenario social.

En un recuento global, doctrina y tradición cristianas han sido una equivocada plataforma de desarrollo social histórico ya que han promovido estructuras sociales injustas y han facilitado la explotación del hombre por el hombre, moviendo a la sociedad occidental hacia la decadencia.

Estimado lector, la censura no es en contra de que creas en un dios creador, ni de que supongas que le debes respeto y agradecimiento; sino que una vez que te enteras que ese dios de la teología cristiana es una creación planeada y malintencionada de una institución con perverso y deplorable historial; aún tengas la poca dignidad de seguirle otorgando credibilidad al mito y confianza a la institución.

EN ESTE CAPÍTULO,

SE DESCRIBE LA FORMA EN QUE LOS EFECTOS DOCTRINALES, UNA VEZ INCULCADOS Y QUE EN PRIMERA INSTANCIA OPERAN EN LA RELACIÓN RELIGIOSA ENTRE FELIGRESÍA E INSTITUCIÓN, SE HACEN EXTENSIVOS A LA RELACIÓN CÍVICA PUEBLO-ESTADO; ADJUDICANDO AL ESTADO LA PERSONALIDAD DE DIOS, DISEÑADA E IMPLANTADA POR LA IGLESIA.

SE DESTACA TAMBIÉN EL PAPEL QUE JUEGA LA TRADICIÓN POPULAR SOCIAL, HACIENDO ESA CONDICIÓN DE DOMINIO, HEREDABLE Y PERMANENTE.

«HAY QUE RECHAZAR HASTA LAS PALABRAS DEL BUDA, SI ESTAS NO SE APEGAN A UNA REALIDAD COMPROBADA CON INVESTIGACION Y EXPERIENCIA», Tenzin Gyatso, Dalai Lama

«NO PERMITAS QUE IGLESIA O ESTADO GOBIERNEN TUS PENSAMIENTOS O DICTEN TUS JUICIOS », Matilda Joslyn Gage.

PREGUNTAS DESAFIANTES:

PARA TU PERCEPCION DE LA DIVINIDAD Y PARA TU PRACTICA DE DESARROLLO ESPIRITUAL ¿REQUIERES DE UNA PERSONA O INSTITUCION QUE TE GUÍE Y TE SANCIONE?

EN TU VIDA SOCIAL ¿NECESITAS QUIEN TE GOBIERNE?

Capítulo 6

EL INFIERNO TERRENAL

La teología decreta la inutilidad de la experiencia así como del raciocinio, inhibiendo el desarrollo de la conciencia y la maduración de la voluntad; en cambio exalta la sumisión y la dependencia, ya que solo es aceptable la obediencia.

De este modo, una vez que la estructura doctrinal es implantada en sociedad, la institución se adjudica y asegura el monopolio, en principio exclusivamente de la práctica religiosa social; pero después, se constituye en un monopolio ideológico general, ganando el control de los pensamientos, de los juicios y hasta de los actos de las personas; haciendo propicios el dominio y la explotación por parte de la autoridad social en general.

El pueblo por su parte, una vez que ha aceptado y tolerado el dogma, queda sometido a él, doblegando su razón y voluntad y cediendo autoridad.

Una vez que aceptamos una fantasía, después es más sencillo que se nos impongan otras. Convirtiendo gradualmente nuestro mundo en un surrealismo, así se nos habitúa a vivir y a fundar nuestras perspectivas de vida en reinos imaginarios que no nos dejan ver la realidad objetiva de la dominación y la injusticia social, y al vivir en un surrealismo, la actuación social se hace estéril y sus objetivos y motivaciones son inofensivos. Es en buena media una esquizofrenia inducida.

Al suponernos impotentes e ineptos, y al pensar que lo que necesitamos solo lo podemos obtener por otorgamiento dependiente de una voluntad superior, la de la autoridad, o bien, solamente bajo los métodos establecidos en la estructura social. De este modo las masas se convierten en testigos pasivos de cuanto ocurre en la vida social.

Se condiciona el comportamiento personal y se definen las formas de las relaciones sociales.

RELIGIOSIDAD

En la sección anterior quedó planteada la herramienta psicológica de dominio, desarrollada por el estado por intermedio de la institución católica. Pero ¿cuál ha sido el papel de la sociedad? ¿Cuál ha sido su postura? A juzgar por los resultados, es evidente que la actuación de la población ha favorecido el proceso que ha desembocado en las actuales deplorables condiciones de las sociedades occidentales.

La población ha optado por la adopción irreflexiva de la religiosidad, por la aceptación del camino de desarrollo postulado por la religión como conductor de sus vidas. Una verdadera aberración ya que significa consentir el engaño de manera voluntaria; cerrar los ojos a la realidad, dando paso a una fantasía y echando a andar un proceso degenerante que va atrofiando nuestras capacidades y nos hace vulnerables. Significa también asumir una actitud derrotista y auto-destructiva frente a la alevosa agresión del estado y sus instituciones.

Y se puede entender que la predisposición religiosa sea, en buena medida, consecuencia de la acción domesticadora que el dogma ha ejercido por tanto tiempo sobre la psique social. Solo hay que revisar la larga historia de represión e intimidación sobre la población por parte de la institución durante la Edad Media; y también consecuencia de la forma en que las medidas políticas del estado han coadyuvado al mantenimiento de una mentalidad social infantil y dependiente, sin permitirle la maduración.

Se dice también que los oprimidos acuden a la religión para evadirse de la realidad, olvidar sus miserias e imaginarse por unos minutos que son libres y felices... y efectivamente lo consiguen, la doctrina puede reconfortarlos; pero se trata de un efecto similar al que pudiera producir también una dosis de alcohol o de algún otro estimulante. Algo ficticio, temporal e inherentemente dañino. Un consuelo que tiene un muy alto costo.

De manera objetiva no necesitamos vivir de fantasías, no obtenemos ningún beneficio, solo es adecuado para ciertas etapas infantiles. Así que cuando nos apegamos a las fantasías siendo adultos, es más bien para aturdirnos y no ver una realidad que no podemos afrontar. Tal es el caso de las adicciones: en apariencia manifestaciones de rebeldía social, porque se enfrenta todo un esquema tradicional de vida, sin embargo, no es un camino sensato y finalmente resulta ser la opción más cobarde, la de la evasión social; darle la espalda a la realidad para abstraernos en un mundo fantástico y distorsionado que luego se convierte en una prisión que nos va deteriorando física, emocional y mentalmente y que arrastra a nuestras familias junto con nosotros a la total decadencia. La rebeldía debe implicar valentía para afrontar la realidad y para actuar con sobriedad y aplomo acorde a nuestra conciencia y convicción ya que nos corresponde a nosotros mismos el resolver los problemas.

Es asimismo entendible que puesto que la religión es algo que ya está instrumentado de forma institucional, para atender un asunto complicado como son los temas espirituales; muchos vean la comodidad de simplemente aceptarla y no tener que asumir el trabajo de pensar, mucho menos la responsabilidad de instrumentar la estructura necesaria para llevarla a la práctica.

Hasta se podría tomar como simple ingenuidad; pero No, no hay que buscar excusas. **La religiosidad es más bien, primero una actitud cobarde y desidiosa, luego irresponsable, llegando incluso a asumir una forma hipócrita y arrogante. Hasta se maneja como signo de elitismo social.**

Caer en la religiosidad revela que, por una parte, nos hemos dejado llevar por una actitud auto-indulgente, apática y perezosa; y que por otra, no tenemos la dignidad ni la templanza para seguir el camino de la ciencia y de la razón, ni para asumir un compromiso de actuación personal autónoma y responsable. Si tienes una adscripción religiosa, significa que no has alcanzado la madurez intelectual que te permita emanciparte, de modo que aun requieres ser conducido.

Pero por otro lado, esa actuación tiene repercusiones sociales bastante alarmantes. Ya hemos aclarado la naturaleza social del efecto de la práctica religiosa; que la actuación personal tiene repercusiones globales e históricas pues se convierte en usanza social e inclusive en herencia generacional a través de la tradición. Sabemos por experiencia que el someter la razón y la voluntad a la fe, bajo el principio de autoridad teocrática, es la peor auto-degradación del individuo y ha permitido de parte del estado y sus instituciones, las peores manifestaciones históricas de tiranía y abuso sobre la población; así que un acto en apariencia inofensivo, se convierte en una verdadera traición contra el resto de la humanidad.

La compasión y solidaridad que podemos experimentar hacia nuestros semejantes, hacia la población sometida, no significa que debamos compartir sus creencias y someternos junto con ellos a la explotación; sino buscar la manera de despertarlos y estimularlos para que se sacudan el yugo; y el "respeto por las ideas ajenas" (que de hecho no son suyas) no permite la fértil interacción interpersonal hacia ese despertar. Una cosa es humildad y nobleza; y otra muy distinta, servir mansamente a intereses ajenos y perversos, sin aplicar la más elemental inteligencia ni exhibir la más mínima dignidad.

Sin embargo, nadie puede venir a liberar la mente ajena. Se puede estimular la reflexión crítica; pero el esfuerzo de asimilación es responsabilidad de cada cual, y cada cual parte de un "status quo" de conciencia particular. Es verdad que resulta inútil proveer información o conocimiento a una mente que no ha desarrollado la capacidad de asimilarlo, y que cada mente se desarrolla a un ritmo subjetivo; pero la capacidad es común.

Y quiero aquí repetir la recomendación expresada por Nietzsche para afrontar exitosamente el dogmatismo religioso: "Ser escépticos, intelectualmente honrados y responsables en el acto de pensar".

En una sociedad común; sin embargo, convivimos individuos con muchos grados diferentes de conciencia, de aspiraciones de vida y de nociones espirituales; entonces la condición de religiosidad se manifiesta con diferentes grados de severidad, y la aceptación de los mitos y dogmas se verifica también con distintos alcances.

Debemos pues, reconocer que existen amplios sectores sociales notoriamente rezagados, crónicamente inmersos en el surrealismo doctrinal, de escaso nivel cultural y presas de profunda ignorancia y superstición. Grupos sociales que han estado expuestos, durante prácticamente toda su vida (y por varias generaciones) a la devoción y reverencia hacia todos los elementos religiosos, desarrollando una actitud medrosa y postrada. Que encuentran, en su fervorosa entrega a las prácticas religiosas (en su fanatismo), una realización personal y el sentido más elevado de su actuación social; por tal motivo acatan con entusiasmo las ordenanzas institucionales; pudiendo vivir felices en el papel de fieles servidores, sin aspirar a nada más.

Y hay que ver su efecto objetivo en la actuación social, cómo tan pronto se habla de religión, se condicionan a aceptar fantasías y absurdos (que concepción virginal, que milagros, que resurrección, etc.), e inclusive a fingir una calidad humana que realmente no han alcanzado, asumiendo una actuación social voluntariosa y altruista, dispuestos incluso a ir a predicar por las calles o a cosas peores.

La actitud religiosa llega a manifestaciones tan absurdas como la de orar para pedir a su dios que los saque de su pobreza, sufrimiento y explotación; es decir, percibiendo que el estado no resolverá sus problemas, apelan a una entidad más grande para que ella lo lleve a cabo –la divinidad-, y suponen que el propio estado debería estar supeditado a ella; pero no se dan cuenta que esa figura divina fue creada por el estado mismo y que ese dogma les fue inculcado por una institución del estado.

Bajo tales circunstancias, se tornan refractarios a la crítica de contexto e incluso a la lógica más elemental, por lo que es muy difícil que alcancen a asimilar su realidad contextual objetiva y mucho más que puedan vislumbrar una solución a su situación. Adultos con mentalidad infantil, largamente sometida por el dogma, que han terminado por atrofiar sus capacidades de análisis. No se les puede reeducar y ¡bien poco se puede hacer al respecto!. Deberemos quizás conformarnos con ver que la doctrina les impone cierto grado de moralidad social.

Y aún me pregunto ¿cómo es que adultos, con cierta preparación y experiencia pueden fiar lo más importante y definitorio de sus vidas y sus aspiraciones a una fantasía? aferrándose incluso con vehemencia a tales absurdos. ¿Por qué tienen que adoptar actitudes ingenuas cuando se habla de religión? y ¿por qué tienen que fungir como promotores de tales venenos ante sus hijos?

¿Por qué asumen como obligación el inculcar a sus hijos una doctrina llena de podredumbre, que además les provoca conflicto en su formación intelectual y afectiva?

Es de suponerse que su intención como padres es la de inculcar a sus hijos un soporte espiritual; la ideología que consideran lo mejor para su formación como personas: el ideal más noble, la esperanza más sublime y el método más edificante para sus vidas; Pero, ¿qué les hace suponer que la mejor alternativa es el cristianismo, o que no hay otra?. Entiendo que resulta difícil reconocer nuestras fallas, confesar que se trató de una elección descuidada y que no asumimos un compromiso de análisis y evaluación al respecto, por lo que resultaba más fácil tomar lo primero que se tiene a la mano de forma tradicional.

Pero vayamos por pasos; primero analicemos cómo fue que tú, adulto, elegiste tu religión.

En fin de cuentas, ¿qué significa que creas o que pertenezcas a alguna denominación religiosa? ¿Qué es lo que crees?: ¿En la omnipotencia de dios, en la misión redentora de JC, que el ser humano fue hecho a imagen y semejanza de dios, que la biblia es la palabra de dios, que la iglesia es representante de dios sobre la tierra, que papa y sacerdotes tienen intenciones altruistas; crees en la creación, en la revelación, en el cielo, en el infierno, en el demonio, en el pecado...?

Todas ellas son ideas que te han inculcado y… ninguna tiene el mínimo grado de realidad u objetividad.

Pero entonces ¿Por qué lo crees?; ¿te lo has cuestionado o solo lo aceptas por tradición?, ¿crees que sea predestinación y seas favorecido por haber nacido en un país católico? o ¿consideras que si lo dice una institución o autoridad es verdad? o ¿crees que te expones a castigo divino si no lo haces?

Si somos honestos, en el proceso de tu adscripción no han sucedido ni revelación ni inspiración divinas que te señalaran el "camino correcto", no vino dios a decírtelo, te lo dice alguien más ¿verdad?, y lo peor es que ni siquiera ha mediado de tu parte, un esfuerzo o trabajo serio y responsable de investigación y evaluación.

No te lo has cuestionado, ni te has tomado la molestia de investigarlo y te adscribes primero por temor, luego por desidia, condiciones ambas en las que está siempre presente una patente ignorancia. No fue sino una simple elección de entre las pocas opciones oficiales que establece la tradición; en ese proceso ¡claro!, se ha explotado tu necesidad de conocimiento y de adherencia a una bandera; y ha entrado en juego la seducción provocada por el sensacionalismo de un mito (como la melodramática y absurda historia de la misión avatárica-redentora de Jesucristo); consiguiendo finalmente subyugar tu voluntad.

Reconoce que ni es tu religión, ni la religión de tus padres, sino el engaño que ambos han creído, y date cuenta que estas cediendo ingenuamente ante fantasías y absurdos que constituyen un fraude mañoso.

Por otro lado no podemos siquiera presumir de intenciones nobles en nuestro acercamiento a la religión cristiana; sino más bien, de motivos egoístas y arrogantes; sobre todo cuando el dominio de la doctrina te coloca en la posición privilegiada de "el que sabe". Ser cristianos significa también odiar la dignidad, la inteligencia, el valor y la libertad ajenas y tener la capacidad para ser crueles, consigo mismos y con los demás, así como para condenar y perseguir a todo lo que se oponga a la fe propia –quienes están engañados no toleran que otros no lo estén-.

Hay entonces una hipocresía global en la esencia y en la práctica social de la religión.

Existe, sin embargo, otro sector social, reconfortantemente numeroso, con condiciones propicias para su encauzamiento hacia la concienciación y la emancipación; me refiero a las emergentes nuevas generaciones. Jóvenes en etapa de natural rebeldía y excedentes de energía, que además se encuentran en un proceso de formación académica y profesional.

Ellos poseen el potencial para que, mediante una oportuna y bien dirigida estimulación, puedan sacudirse el mito y lleguen a romper definitivamente con los paradigmas dogmáticos; de otro modo terminan sucumbiendo irremediablemente ante los mismos.

Es motivador observar que ante sus inquisitivos ojos, no se demanda de mucho trabajo para desnudar las aberraciones y las carencias de la rudimentaria y ridícula doctrina teológica; ni para que asimilen el perverso origen y la criminal historia de la institución que lo creó; Pero sí precisan tener a su alcance doctrinas alternativas más robustas que les sirvan de punto de referencia (como las orientales y las esotéricas formales); así como de información histórica verídica y pertinente (como la producida por las nuevas corrientes revisionistas).

Pero hay que destacar lo delicado y crítico de su condición, pues son a la vez grupos sociales ingenuos y entusiastas que por su natural ímpetu, y siendo objeto de constantes e incisivos bombardeos propagandísticos por parte del estado y de sus instituciones, mediante campañas políticas y predicaciones religiosas -además de confrontar una muy arraigada tradición religiosa social-, se encuentran muy propensos a la superstición y al fanatismo y pueden fácilmente caer víctimas de mitos sensacionalistas o de banderas seductoras, llegando inclusive a convertirse en entusiastas promotores de las doctrinas.

Es por estos motivos que esa etapa suya debe ser objeto de un celoso cuidado de parte de las fracciones adultas conscientes de la población. Ellos precisan de un adiestramiento; y nosotros debemos procurar equiparlos de forma oportuna con una adecuada preparación política que les permita afrontar y subsistir a todos esos embates ideológicos.

Es a este sector a donde es dirigido, con especial intención y optimismo este tratado y donde se espera que encuentre eco y un fértil acogimiento.

Momento oportuno y necesario para establecer también una clara distinción entre *"religiosidad"* y *"espiritualidad"*, para no caer en ingenuas confusiones que otorguen ventaja a los embates propagandísticos de las instituciones religiosas. Hay muchos que en su enajenación -y conforme a los señalamientos oficiales- suponen que la iglesia y sus prácticas son el único camino para quienes aspiran a un desarrollo espiritual, inclusive piensan que todo pensamiento o acción altruista se han gestado en su doctrina. ¡Falso!

Ya hemos ilustrado suficientemente el carácter sub-humano, denigrante y degradante de la religiosidad o tendencia religiosa. En contraparte, la **"espiritualidad"** debe entenderse estrictamente como un impulso del espíritu humano por alcanzar los más altos niveles de manifestación del ser (inherente a la expansión de la conciencia); intención que nada tiene que ver con las prácticas religiosas y que de hecho se ve obstruida e impedida por la falsedad y el condicionamiento dogmáticos.

TRADICION

En el proceso de consolidación del efecto doctrinal y del consecuente establecimiento de autoridad estatal e institucional sobre la sociedad, la "tradición" juega un papel determinante. Veamos de qué manera:

La experiencia humana empírica es asimilada mediante un mecanismo de transferencia del conocimiento de generación en generación -basado en las costumbres sociales- al que llamamos "tradición". De este modo el conocimiento y la experiencia se hacen impersonales y son puestos a disposición común, pasando a formar parte del acervo colectivo y permitiendo a la sociedad, no partir cada vez de cero; sino dar pasos adelante hacia la civilización. También se ha comprobado científicamente que el aprendizaje se incorpora gradualmente en el código genético del individuo y se convierte en legado para generaciones posteriores, como posesión comunitaria.

Cada componente de la tradición puede suponerse entonces, surgido de la asimilación de una experiencia social y por tanto, ser entendido como adecuado y conveniente; sin embargo, cuando en este acervo se infiltran elementos míticos y dogmáticos, la tradición se contamina, se tergiversa y se corrompe. Tal es el caso de la tradición social en occidente y principalmente en países subdesarrollados, donde la doctrina cristiana ha penetrado hasta las más íntimas estructuras de la sociedad, de la familia y de la mentalidad individual; y se ha constituido en un agente definitorio de la motivación y el sentido de los acontecimientos sociales y de la vida individual de las personas, desvirtuado el sentido práctico de la tradición.

Y es que sabemos que los dogmas religiosos van mitificando nuestra percepción de la realidad social hasta convertirla en un completo surrealismo; después dicha percepción se incorpora a nuestros hábitos y transforma nuestra vida individual y colectiva en un mecanismo automático, irreflexivo y artificial. No cabe duda que los actos se convierten en hábitos, éstos en costumbres y las costumbres en obligación. La tradición, de esta forma se convierte en una figura de culto social, sin utilidad ni sentido práctico, y adquiere incluso, más importancia que el motivo que la creó.

A nivel individual, la práctica tradicional resulta muy cómoda y conveniente ya que, por una parte, nos permite integrarnos a la sociedad, y por otra, no exige esfuerzo de innovación ni compromiso, pues sólo hay que repetirla; por el contrario, lo difícil es prescindir de ella u oponerse a ella. El precio es llegar a ser considerado como inadaptado social o incluso como enemigo público.

Cuando porta la contaminación dogmática, la práctica de la tradición impregna la doctrina religiosa en la sociedad, ya que actúa sobre cada individuo desde su niñez y sobre el colectivo social de forma histórica. De esta forma refuerza su efecto y además la hace hereditaria, facilitándole a la institución y al estado, el gobierno social a perpetuidad. Si tus abuelos y padres lo han aceptado entonces es natural que tú también lo aceptes, y el consenso social le da validez; pero ese consenso no es otra cosa que la reafirmación de la tradición en las demás personas.

Desde esta perspectiva, la tradición es efectivamente, el mecanismo social automático que nos rige y que nos vive, y las prácticas tradicionales son el signo indicativo de la regencia del dogma en la sociedad y del dominio ejercido sobre ella por el estado e instituciones.

Por ello les convoco a que dejemos de venerar la tradición por el solo hecho de serlo, así como de confundir y llamar "cultura" a todas esas prácticas tradicionales originadas en el dogma religioso cristiano, las cuales más bien representan un estancamiento de la conciencia y un obstáculo al desarrollo social. **La "cultura"** de un pueblo debe ser entendida como el conjunto de prácticas sociales que dan dinamismo al desarrollo social, refinando nuestra calidad de vida; no degradándola. Y debemos ser muy estrictos y exigentes en el uso de estos términos.

ADAPTACION DEL DOGMA A LA CONVIVENCIA CIVICA

Aclaramos previamente que los creadores de mitos aprovechan y explotan todas aquellas debilidades psicológicas humanas, integrándolas dentro de una ingeniosa construcción mítica, para a través de ella, adjudicarse autoridad. ¿de qué manera?

Primero crean debilidad para luego ofertar protección. Refuerzan los agentes que provocan intimidación y los que alimentan la infelicidad: el dios celoso y severo, el demonio ruin y perverso; la amenaza de condena, la muerte, etc.; atribuyéndose después (mediante creación doctrinal) la capacidad para proveer protección o solución contra ellos. De esta forma, la institución puede mostrar un poder, aunque ficticio sobre esa atemorizante realidad y ganarse la filiación popular, al menos la de los sectores más ignorantes -que son también los más numerosos-, adjudicándose autoridad sobre ellos.

Con ambos elementos (mitos y dogmas) perfectamente engranados en la teología se logra que la población caiga en un surrealismo en su vida social. Y esos efectos -que en primera instancia operan exclusivamente en la relación religiosa entre feligresía e institución-, después se extiende de manera natural al ámbito cívico, a la relación pueblo-estado; adjudicando al estado por supuesto, la personalidad de dios diseñada e implantada por la iglesia y que ella misma ostenta. A fin de cuentas la tarea de las doctrinas religiosas ha sido siempre la de conciliar la autoridad terrena con la voluntad divina ante el pueblo.

Por simple analogía podemos observar con sencillez, que el método de dominio del estado sobre el pueblo -inculcado mediante la religión- consiste en la creación de un surrealismo social, el cual exhibe mecanismos ilógicos y absurdos para los procesos sociales, de modo que la población no pueda visualizar sus causas reales y que esos procesos queden siempre fuera del alcance de su entendimiento y de su acción particular.

Por otra parte, también crean para el pueblo, peligros y enemigos ficticios, como pueden ser simplemente los demás países, dando nacimiento al nacionalismo; o inclusive la propia convivencia al interior de nuestra comunidad, que se postula como fuente de conflicto. Ya vemos que nuestra interacción en la calle es por lo general hostil.

Y como la población ya tiene arraigada la percepción intuitiva de su incapacidad para resolver sus problemas por sí misma, entonces en su subconsciente, las autoridades religiosas y sociales (como el propio dios) son percibidos como una imperante necesidad y toman lugar asumiendo el papel de protectores o de mediadores y sancionadores de las relaciones sociales.

Paz, democracia, abundancia, etc. Son condiciones ideales que el estado pretende que existen y que es él quien las imparte -así como la iglesia asume potestad con referencia a indulgencia y vida eterna-.

He aquí el máximo logro pragmático de la doctrina religiosa, se maquilla a las autoridades (instituciones y estado) y se las presenta ante el pueblo como necesarias; atribuyéndoles un carácter paternal y generoso; no solo justificando su existencia sino además ennobleciendo su gestión social. Así es como la Constitución política se hace venerar en la vida cívica como a la Biblia en el culto religioso -aunque el estado la modifica cuando y como lo considera necesario-; y el presidente adquiere un carácter casi divino entre los personajes sociales.

AUTORIDAD Y PODER

Lo anterior logra establecer y justificar una división social, exaltando a las autoridades y denigrando a la población, ya que en ese surrealismo, la autoridad es una necesidad, los individuos en el poder son superiores y sus intenciones nobles; en cambio el pueblo es inepto, impotente y por tanto dependiente.

Lo más grave es que una vez abanderados de una supuesta noble intención o misión, el estado y sus instituciones asumen una autoridad tiránica, dictando arbitrariamente valores y comportamientos a la población, y adjudicándose el derecho a desacreditar y reprimir manifestaciones no alineadas o contrarias, etiquetándolas como "delincuencia" o "crimen".

Ya asimilado en la vida cívica, en la forma de estructuras de convivencia social, el surrealismo se refuerza con la cotidiana repetición y se va conformando una doctrina cívica dogmática particular. Destacaré como ejemplo, algunos de los dogmas más arraigados de esta doctrina cívica en México:

1. La suposición de la necesidad de que existan autoridades sociales (del mismo modo que se supone la necesidad de la existencia de dios)

2. Que quienes ostentan la autoridad poseen superioridad natural y son herederos de noble estirpe histórica.

3. Que la intencionalidad de las autoridades es noble y que el papel de sus instituciones es promover el bienestar y el desarrollo social:

   • Que el ejército está para salvaguardar la soberanía nacional y para la protección civil

   • Que la legislación y la infraestructura jurídica fueron creadas para asegurar una convivencia social justa y equitativa

   • Que la escuela pública fue establecida para promover la civilización social y para la búsqueda y la defensa del conocimiento

El más claro síntoma de la regencia del dogma en sociedad, está manifiesto cuando los reclamos por las carencias sociales son expresados, a manera de ruego, se espera con fe a que las autoridades vengan a dar solución a los mismos y su intercesión es venerada; o cuando la población supone que por el solo hecho de que una autoridad ha dicho algo, eso es digno de plena credibilidad y confianza. Si viene de una autoridad o viene de dios, no se cuestiona solo se acata, además se considera correcto y adecuado, encontrando de este modo justificación inclusive la extorsión y la arbitrariedad ejercidas por el poder.

Se tiene que entender, de una vez por todas, que el estado, como instrumento de la clase dominante, tiene la misión expresa de salvaguardar los intereses y privilegios solo de su clase; así como de sistematizar su soberanía y control sobre la población sometida. Entonces las autoridades realmente no tienen ni la intención ni la obligación de trabajar al servicio de la comunidad, sino de intereses que son de hecho, contrapuestos a los de ella; y mientras que el vulgo se revuelque en su propia ignorancia e inmundicia y no cause mayores problemas, el estado será indiferente a sus dolencias.

Esta condición presente de enajenación en la mentalidad social; sin embargo, el estado la ha trabajado, primero apoyado históricamente por la gestión de la institución religiosa; pero además asegurándose de que la población no despierte, mediante establecer una compleja red de medidas políticas desde distintos frentes o escenarios sociales; tendientes a mantenerla en la ignorancia y en una edad mental infantil y dependiente, debilitando así su capacidad de reacción, entre ellos:

a. **El Trabajo**. (dirigido a la población adulta y económicamente activa). Imponiendo a obreros y empleados cada vez mayor ocupación y presión laboral que no les permite disponer de tiempo para la concienciación de contexto; horarios y calendarios agobiantes; jornadas laborales con continuas rotaciones de turno que no le permiten al organismo ajustar su metabolismo y van produciendo un agotamiento crónico, deteriorando las capacidades físicas. Planes empresariales de alta productividad (capacitación, especialización), que obligan a no pensar en otra cosa que no sea el trabajo, provocando un continuo y acumulativo estrés que merma progresivamente la capacidad mental y anímica. Todo eso enmarcado en la constante amenaza de despido, con las consecuentes afectaciones a la situación socio-económica de la familia, forzándole así a un sometimiento voluntario.

De este modo, con una vida completamente ocupada, sin tiempo disponible para la ejercitación de la mente, solo les queda la alternativa de aceptar la realidad como se las pintan los medios enajenadores oficiales.

b. **La Escuela oficial**. (Dirigido a la población infantil y juvenil). Mediante planes de Estudio limitados y limitativos, que aseguran suficiente ignorancia política e inconsciencia histórica; mientras se les impone y exige cada vez mayor eficacia en el aprendizaje de la técnica, con el fin de formar principalmente obreros calificados, eficientes y obedientes y así nutrir los centros productivos de la mano de obra demandada. Como complemento se neutraliza al profesorado -que desde su posición pudiera peligrosamente alcanzar una clara conciencia de contexto y diseminarla entre los estudiantes-, obligándoles a realizar cada vez mayor trabajo extra-clase, exigiéndoles la elaboración de planes y programas de cursos e infinidad de formalismos académicos, así como exigiéndoles continua actualización bajo programas oficiales.

Por si fuera poco, se machaca además incisivamente sobre el indefenso subconsciente infantil y juvenil las ideas nacionalistas a través de reiterativas ceremonias de honores a la bandera y un extenso calendario cívico que convoca a la veneración de los héroes nacionales y a la exaltación de los "gloriosos" acontecimientos históricos que han definido el destino promisorio para la nación; mientras el estado se adjudica ostentar la herencia directa de estos.

Religiosidad y *Nacionalismo* son actitudes implantadas por doctrinas de la misma naturaleza y el estado y sus instituciones las han convertido en objetos sagrados de culto, de modo que cualquier ataque contra ellas, o su simple cuestionamiento, sea considerado como una profanación y una gran ofensa para la sociedad.

c. ***Los medios de difusión masiva***. Bombardeando incisivamente, propaganda mercantilista a la población, para crear masas consumidoras, señalándoles las formas de vida y las aspiraciones más convenientes. La prensa, controlada por el estado, configura para la sociedad, de forma disimulada, una realidad superficial, simplista y a la vez confusa y azarosa.

A través de los medios, se promueven asimismo, protocolos político-sociales establecidos, que arraigan en la ideología social, la propaganda del estado. Entre ellos el concepto de "democracia", postulado dogmáticamente y fincado en prácticas rituales sociales como son los procesos electorales o votaciones.

Esas "votaciones" que es simplemente una actividad propagandística del estado -dirigida principalmente a las entusiastas e ingenuas nuevas generaciones-, se convierte en el quehacer más importante para el aparato gubernamental en países subdesarrollados, motivando considerables derramas de recursos y encausando el trabajo de las instituciones oficiales a la tarea de persuasión social para crear una atmósfera de expectativas de cambio y mejoramiento social, con tintes religiosos, casi mágicos, atribuidos al ejercicio de la elección, convocando de este modo al voto popular -al que señalan como el mecanismo democrático de sucesión gubernamental y símbolo de la participación popular en la definición de los destinos sociales-

Se monta pues un teatro mediante el cual el estado obtiene periódicamente varios beneficios objetivos:

- primero, hacer creer a la población que efectivamente participa políticamente y que su gestión es determinante. Pero ¿qué tan determinante puede ser tachar una papeleta?

- segundo, al votar se les compromete a aceptar el gobierno que se les impone así como sus arbitrarias formas de gestión. El voto se convierte así, en el aval con el que el pueblo legitima al gobierno (como un cheque firmado en blanco).

A propósito, el **"derecho" de los individuos es desvirtuado, tergiversado y reducido a la libertad de elegir entre las alternativas que las propias autoridades les presentan**. Y así esos muy exaltados símbolos de la libertad social y de la democracia, como son el "derecho al voto" y el "derecho a profesar la religión que elijas", se convierten en cínicas burlas a la escasa inteligencia de la población, a la que realmente le están diciendo:

"Tienes el derecho de elegir a quien te engañará, te dirigirá y te explotará durante el siguiente periodo".

d. *Aparatos gubernamentales convencionales: Legislación y fuerza pública*. En última instancia, se obliga el acatamiento social de los decretos del estado a través de una infraestructura jurídica y de la fuerza pública.

Legislaciones que se han diseñado para favorecer los intereses de empresas e instituciones y que limitan y maniatan la actuación de los individuos; y una fuerza pública que tiene pleno poder para actuar de forma artera contra ellos.

Si lo observamos con objetividad, la gestión del estado hacia la sociedad a través de la estructura legislativa en sus diferentes ámbitos, más que facilitar la solución de conflictos y permitir un desarrollo social; causa problemas, trabas administrativas y desembolsos económicos de parte de la población.

Las instituciones van rigiendo y dictando el comportamiento en cada aspecto de la vida social, por lo que debemos reconocer que el estado no solo maneja los mecanismos y estructuras sociales sino que además maneja y condiciona nuestra mente individual, ejerciendo un control casi absoluto.

EN ESTE CAPÍTULO,

TRAS EL RECUENTO DEL APRENDIZAJE RECABADO A LO LARGO DEL LIBRO, TANTO DE LA DOCTRINA COMO DE LA GESTIÓN INSTITUCIONAL; DECLARO A AMBAS, DAÑINAS E INÚTILES, POSTULO LA NECESIDAD DE SU ERRADICACIÓN SOCIAL Y CONVOCO A COMPROMETERNOS EN DAR INICIO A UN PROCESO DE EMANCIPACIÓN Y DARNOS LA OPORTUNIDAD DE UN RENACIMIENTO DONDE PODAMOS PARTICIPAR ACTIVAMENTE EN LA DEFINICIÓN DE ESQUEMAS SOCIALES VERDADERAMENTE LIBRES Y JUSTOS.

«PARA QUE LA MAYORÍA ADQUIERA SIGNIFICANCIA, TIENE QUE SER UNA MAYORÍA CONSCIENTE»

«LA LIBERTAD NO PUEDE SER UNA DONACION; SINO UN LOGRO DE LA CONCIENCIA PROPIA», C. P.

Capítulo **7**

HACIA LA EMANCIPACION SOCIAL

ESTRATEGIA DE EMANCIPACION

La mentalidad del rico se ha hecho más astuta, mientras que la del pobre se ha hecho más ingenua. La ignorancia nos pone en las garras de los listos; pero si logramos hacernos listos como ellos... ¿a quién van a explotar?

Pues bien, ante las condiciones actuales de extrema injusticia social, caracterizadas por el egoísmo, la hipocresía y la ambición, así como por una generalizada deshumanización. Ante la extrema explotación y represión de los muchos por parte de unos pocos, quienes a su vez gozan de posesiones y de poder desmedidos, mientras el grueso de la población es mantenido en condiciones precarias y degenerativas; se percibe que nos estamos sumergiendo en un nuevo oscurantismo y se vislumbra asimismo, la urgente necesidad de una sacudida que dé comienzo al correspondiente nuevo renacimiento.

Se demanda pues, una revolución social que, como bien lo han hecho observar numerosos idealistas sociales contemporáneos; "para que pueda ser efectiva, tiene que ser de naturaleza cultural y fundada en técnicas educativas para procurar, ante todo, la liberación de las conciencias". Esta nos permitirá superar la artificial dualidad social; erradicar los esquemas de dominación y establecer las condiciones para una convivencia social justa y libre que permita encausar el desarrollo futuro hacia condiciones ideales.

En pos de esa pretendida revolución cultural, sabemos que nadie va a venir a liberar las conciencias de los demás. La población misma debe alcanzar, de manera conjunta, la concienciación y la maduración mental que hagan posible su emancipación; de modo que *esa intención de concienciación colectiva deberá convertirse en el proyecto social inmediato y preponderante*. No es una tarea fácil y se trata de una empresa que evidentemente no va a ser emprendida por el estado ni por ninguna de sus instituciones -ellos jamás participarían voluntariamente en un proyecto que les significará la pérdida de los privilegios inherentes al poder social que ostentan-.

Así que, como lo ha postulado el pedagogo e idealista Paulo Freire: "corresponde a los oprimidos echar a andar esa gran tarea humanista e histórica que habrá de liberar a la humanidad entera de las estructuras sociales de dominación"

El panorama se complica; sin embargo, por que los oprimidos, encontrándonos profunda y crónicamente inmersos en el engranaje de las estructuras de la dominación, nos constituimos, nosotros mismos, en el primer gran obstáculo a superar. Tenemos, en primera instancia, que identificar al "opresor dentro nuestro", es decir, reconocer la complacencia con la que hemos participado en esta realidad social; reconocer también que es una realidad injusta y deshumanizante, un camino histórico social herrado; y entonces experimentar un despertar de dignidad y la necesidad de buscar un cambio, ¡una solución!.

Cierto es que entonces habremos de enfrentar al grupo social opresor, que alertado por la inminencia del peligro, echara mano de todos esos recursos que pacientemente han madurado, y que han engastado en una estructura social rígida y casi inexpugnable, incluyendo por supuesto, la represión mediante la fuerza pública, para defender lo que consideran suyo. Ese mismo grupo opresor que desde la niñez provee a su prole de la educación y adiestramiento para la conducción social y que actualmente trabaja activamente en tratar de conformar la mentalidad de los oprimidos a una realidad social establecida, que señalan como buena, civilizada y justa; a un presente normalizado y garantizado que ellos "dignamente" dirigen. Reservando lógicamente para sí, los escenarios de manifestación social privilegiados: política, economía, agencias noticiosas, deportes profesionales, farándula, etc. Así como los cargos de alto peso social, institucional y empresarial: gobernadores, diputados, senadores, magistrados, jueces, presidentes y directivos de empresas, etc. Por supuesto, haciendo parecer difícil su labor para que el pueblo perciba su subordinación propia como irremediable.

Y es triste observar que mientras que en el pueblo, estamos preocupados por nuestro "destino eterno", el estado dispone de nuestra realidad objetiva en el mundo material, a placer y a capricho.

Por nuestra parte, los oprimidos no tenemos sino solo un camino: debemos ineludiblemente, desarticular los mitos de nuestra realidad presente. Superar el "miedo a la libertad", dejando atrás la cómoda adaptación a la vida de objetos, para reconocernos sujetos y capaces de participar activamente en la conformación y transformación de la realidad; y entonces comprometernos en la enunciación y en la construcción de una nueva realidad efectivamente justa.

Será una lucha que presupondrá una verdadera revolución en el pensamiento social; más compleja y fundamental que un cambio en las estructuras económicas. Pero tengo la certeza de que, una vez develada y exhibida la subordinación mental de que somos víctimas, el resto del proceso hacia la emancipación se hará inminente y tomara la forma de una verdadera "inquisición" al cristianismo, a su institución y al estado. Como una revancha histórica largamente anhelada.

La intención planteada puede parecer demasiado romántica y hasta ingenua; ya que se habla nada menos, que de replantearnos desde sus cimientos el proyecto humano para promover una transformación radical de las estructuras sociales; sin embargo, de otro modo no podría entenderse la pretendida vocación humana hacia la civilización; y creo con optimismo que la capacidad y la dignidad humanas están diseñadas para aspirar a un mejor destino que el que hoy alcanzamos a vislumbrar.

El proyecto así postulado se revela entonces, como el paso evolutivo social necesario y urgente que nos ha de permitir emerger hacia la manifestación de nuestra plena humanidad; y mi objetivo rector, mediante la elaboración y publicación de este tratado, es coadyuvar a estimular la concienciación social sobre el particular.

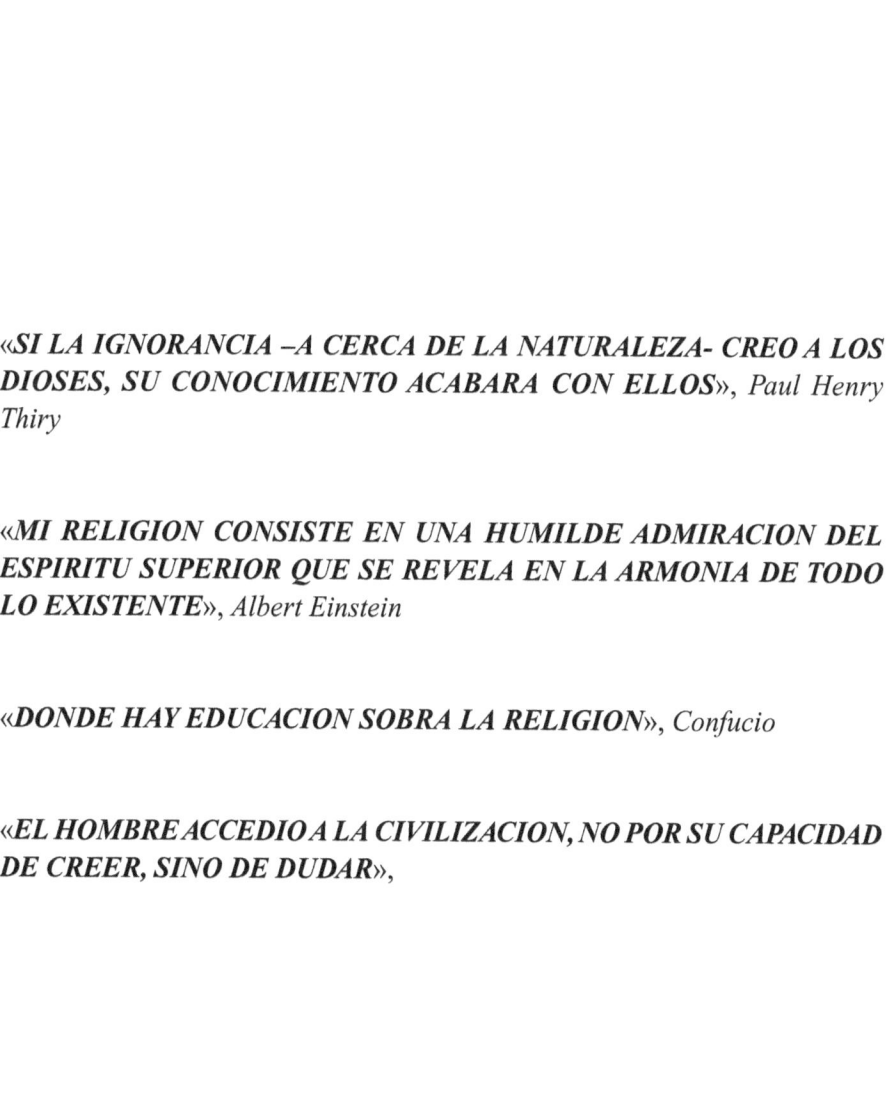

«SI LA IGNORANCIA –A CERCA DE LA NATURALEZA- CREO A LOS DIOSES, SU CONOCIMIENTO ACABARA CON ELLOS», Paul Henry Thiry

«MI RELIGION CONSISTE EN UNA HUMILDE ADMIRACION DEL ESPIRITU SUPERIOR QUE SE REVELA EN LA ARMONIA DE TODO LO EXISTENTE», Albert Einstein

«DONDE HAY EDUCACION SOBRA LA RELIGION», Confucio

«EL HOMBRE ACCEDIO A LA CIVILIZACION, NO POR SU CAPACIDAD DE CREER, SINO DE DUDAR»,

EL DILEMA EXISTENCIAL

Existe ciertamente una necesidad fundamental del ser humano por conocer la razón y el motivo de su propia existencia y esa necesidad va muy de la mano con la soberbia de imaginar que esta existencia tiene un propósito trascendente. Resulta pues comprensible que al adquirir conciencia de nuestra imperfección, limitaciones e ignorancia; que somos mortales y que no podemos decretar nuestra propia existencia, percibamos y reconozcamos entonces la acción de una inteligencia y fuerzas supremas, manifiestas tanto en la naturaleza (la humana, la terrestre y la cósmica), como en el devenir histórico. Inteligencia y fuerzas que están aún muy lejos de nuestro entendimiento y de nuestro control -a las que podríamos denominar como "dios"-, y que sintamos entonces la necesidad de agradecerles y venerarles por el solo regalo de nuestra existencia.

Así nace y encuentra razonable justificación la tendencia religiosa; pero ¡cuidado!, el reconocer la existencia de esa inteligencia suprema, si bien puede argumentar la existencia de dios, igualmente habla de lo sublime de la propia naturaleza y no tiene por qué ser prueba que otorgue certeza al resto de las ideas preconcebidas asociadas por tradición al concepto de dios: "creación", "vida eterna", etc.; y menos aún a la doctrina cristiana.

La propuesta religiosa es el sofisma más fundamental en que se incurre en intención de explicarnos el sentido de nuestra existencia.

Además cuando permites que alguien más pretenda enseñarte la forma de practicarla, estás propenso al engaño y peor aún a la manipulación y al abuso sobre tu persona.

Si se cuestiona mi concepto personal de dios... Por principio de cuentas no lo llamaría "dios" porque debido al condicionamiento de que somos víctimas en el subconsciente social, desde tiempos remotos, automáticamente lo asociamos con esos conceptos malintencionados y viciados emanados de la propia teología, como: creador, revelación, gracia, salvación, pecado, y todo aquello que nos vuelve a atrapar en el dogmatismo. Así que yo prefiero que vayamos erradicando el concepto de dios.

Además no debería hablarse de una concepción (porque entonces sería una creación mental propia); sino de una percepción, es decir, dios está ahí y yo tengo la posibilidad de percibirlo...

Lo que yo puedo afirmar es que la manifestación del poder y voluntad de dios está en la naturaleza (no en instituciones, textos o personajes) y es ella su más genuina revelación. Y puesto que nuestro método más formal de conocer la naturaleza es la ciencia, debo entonces postular a la ciencia como el camino más fiable hacia dios. En todo caso creo que cada persona puede individualmente, sin necesidad de intermediarios ni de guías, establecer una conexión personal primero con su ser superior (visualizar el ideal divino) y lograr un positivo desarrollo espiritual.

Se puede pensar en un creador y en un plan divino para la existencia; y existen conocimientos iniciáticos muy valiosos relativos a la percepción de dios; pero no son tema para este tratado; antes tenemos que ser capaces de sacudirnos toda la contaminación mental que en la forma de fantasía y absurdos ha inculcado en nuestra mente la teología cristiana así como el efecto social que ella ha propiciado; para así empezar con una mente limpia; solo entonces seríamos aptos y capaces de asimilar verdades superiores que pudieran ofrecernos alternativas de desarrollo y que a la vez reflejaran aspiraciones espirituales más elevadas.

Debo ahora destacar la importancia de utilizar un método formal y robusto para el análisis histórico y para la adquisición del conocimiento, lo que nos permitirá en todo momento el análisis crítico de nuestro contexto, como una base sólida hacia la emancipación.

EL CAMINO DE LA CIENCIA

Como se ha hecho patente a lo largo de este tratado; en asuntos "espirituales", más importante que nuestro noble deseo o intención, será nuestra actitud (que debe ser digna) y sobre todo la robustez de nuestro método para afrontarlos. Nuestras mejores armas contra la fe, la arrogancia y la estupidez, son: la evidencia, la lógica y la razón; y como se observa en el reino animal, más importante que ser "buenos", es ser inteligentes y adaptables para subsistir.

Asimismo se presenta evidente que nuestro problema existencial se reduce, a fin de cuentas, a la elección simple que acabo de sugerir: el camino de la ciencia o el camino de la religión; que si lo hacemos extensivo también significa nuestra elección entre: la razón o la fe; la historia o el mito; la investigación o la devoción; el conocimiento o la fantasía. Y en una perspectiva más crítica

-que es la relativa a nuestra actitud-, la elección entre: el trabajo responsable y comprometido o bien, la pereza, la apatía y la indolencia.

¿Por qué confrontamos ciencia y religión, cuando bien puede suponerse que se ocupan de asuntos distintos? ¡No es así! ambos son instrumentos diseñados para procurarnos una conciencia de contexto; pero sucede que son esencialmente opuestos tanto en intención como en método.

La ciencia nos permite conocer las reglas objetivas de la naturaleza tanto de nuestro ser como de nuestro entorno, es decir, construye conciencia. Es formal, honesta, metódica y objetiva; se basa en la lógica y el raciocinio y revela la ley de consecuencia. Su efecto histórico está manifiesto en el desarrollo tecnológico y de conciencia social.

El método de la ciencia es acorde, de forma natural, con los procesos de nuestro pensamiento y con la lógica de adquisición del conocimiento, a través de un proceso dialéctico: cada nuevo conocimiento se coteja con el esquema de conocimiento que ya poseemos (en memoria) y de esa interacción se produce por discernimiento, un esquema nuevo, que toma lugar de forma provisional. El nivel más refinado de la función mental se alcanza cuando somos capaces de interpretar y evaluar.

La ciencia no es absolutista por que el conocimiento no es finito; pero se va apropiando de él de forma gradual y consistente. Es única y universal, pues se basa en el conocimiento científico que es construido a partir de apreciaciones objetivas. En cambio, cuando el conocimiento es empírico se basa en apreciaciones subjetivas y relativas y no pasa de ser personal, circunstancial y temporal. Y el caso patético, cuando el conocimiento es dogmático (el promovido por la religión), se basa en fantasías y fraude.

Como ejemplo para diferenciar entre una apreciación subjetiva y otra objetiva: Si observamos un objeto y pedimos a diferentes personas que lo describan, cada persona expresara opiniones diferentes y quizás contrastantes, sobre todo si atendemos a características tales como su belleza o su utilidad. Esto se debe a que la apreciación personal (SUBJETIVA) de cada una de ellas, está condicionada por conocimientos, emociones y disposición muy personales; sin embargo si mencionamos el peso, las dimensiones o el color de ese objeto, cualquiera podrá estar de acuerdo (o en dado caso corroborarlo con los instrumentos de medición pertinentes), porque todos poseemos el soporte de un convenio en cuanto a esas características (apreciación OBJETIVA), el cual fue establecido mediante la ciencia y la tecnología y entonces todos lo sabemos, lo aceptamos y nadie es engañado.

Asimismo podemos avanzar en la descripción del objeto o fenómeno hacia características cada vez más especializadas y de más utilidad. Podemos por ejemplo decir que un bebe es bonito, mientras su madre lo tacha de feo; pero ambos estaremos de acuerdo, previa aplicación del termómetro, en que su temperatura es normal si lo es; pero si aumenta dos grados nos aprestaremos a llevarlo al médico para evitar que su vida esté en riesgo.

Aun las sociedades más rudimentarias tienen una percepción intuitiva de la importancia del conocimiento científico, manifiesta en su necesidad por llevar a su niñez a la escuela.

La distancia que le falta recorrer a la ciencia para dar hoy respuesta a los cuestionamientos existenciales fundamentales, se pretende subsanar con el uso de la filosofía y también la religión trata de infiltrarse en ese propósito. La filosofía es una metodología del pensamiento y uno de sus propósitos fundamentales debe ser el permitirnos identificar los sofismas (razonamientos equivocados que nos inducen al error); asimismo es fundamental la definición de términos y estructuras del lenguaje en pos de ese cometido. Pero la religión, al ser un instrumento de engaño, se basa en sofismas y provoca más bien un alejamiento de la realidad, una divagación en la fantasía.

La religión por su parte, inventó el concepto de dios y se postula como el método para conocerlo y acercarse a él. Es subjetiva, informal e hipócrita. No tiene método. Se apoya en la fe, en los sentimientos y en la fantasía.

El dogma convierte a la religión en absolutista, rígida e inerte y la constituye en el peor obstáculo para el conocimiento y la conciencia, que obstruye la libertad de pensamiento y la justicia social. Es dogmática y arbitraria y lleva al reino del surrealismo todas sus explicaciones, produciendo, de este modo, un alejamiento sistemático de la realidad objetiva. Ha llegado a ser universal pero en calidad de pandemia. Su efecto histórico se manifiesta en la superstición, el temor y la ignorancia, así como en la apatía y la pereza de la feligresía y por extensión, de la sociedad.

Le debemos infinitamente más a personajes como Tomás Edison, Marie Curie, Charles Darwin, Luis Pasteur, Freud, etc. que a las figuras doctrinales de Moisés, Jesús, Mahoma y compañía, y por supuesto, más que a las instituciones que crearon las doctrinas respectivas.

Las alternativas están planteadas, ¡haz tu elección!

«TODA SOLUCIÓN EMPIEZA RECONOCIENDO LA EXISTENCIA DEL PROBLEMA Y... RECONOCIÉNDONOS PARTE DE ÉL»

«NO BASTA CON SABER, HAY QUE APLICAR; NO ES SUFICIENTE QUERER, SE DEBE TAMBIÉN HACER», J. W. Von Goethe

CONVOCATORIA

Llegamos pues al punto culminante de este tratado, el punto en el que la conciencia se debe traducir en una actuación social congruente, que debe significar una enmienda de nuestro camino histórico de aquí en adelante.

Comprometernos en una participación activa para la definición y la construcción de nuestra historia futura, para llevar nuestra convivencia social hacia escenarios de manifestación más elevados y a nuevos proyectos existenciales conjuntos; sustentados en la razón y en la libertad de pensamiento y guiados por una perspectiva humanista.

¡Ese es el ideal!

Pero hay que tener presente que lo que falta por hacer es lo más importante, un arduo trabajo de planeación, definición e instrumentación. Pues bien podemos, sin mucho esfuerzo, percibir la injusticia social y sus mecanismos, lo que nos permite desmantelar el paradigma; pero entonces hay que elaborar conjuntamente y tener preparado un detallado plan de acción sobre cómo habrá de regirse una sociedad justa; de otra forma, el plan volverá a ser definido, implantado y dirigido por "ellos". Lo que ocurrió con la revolución mexicana y otras tantas revoluciones sociales, donde los combatientes alcanzan un estado de victoria militar y en seguida ya no saben qué hacer con el poder alcanzado, y terminan dejando que sean "otros" quienes establezcan y manejen el plan político a seguir.

Ciertamente, en este tratado no elaboraremos, ni siquiera delinearemos ese plan, pero si hacemos patente la necesidad y la responsabilidad de hacerlo.

Tampoco podremos asegurar una calidad moral adecuada de quienes asuman dirigencia social, pero sí, al despertar la conciencia generalizada de igualdad, estaremos en la posición de detectar y proscribir intentos de injusticia antes de que se instauren.

Entonces, debemos tener como base el conocimiento de la realidad objetiva a través de la Ciencia; Así como un método formal de análisis y estudio que permita detectar y revelar de forma contundente los intereses de doctrinas y decretos provenientes del estado e instituciones.

Que en adelante (ante el embate de la propaganda de cualquier secta religiosa o institución estatal) Antes de creer en algo y de aceptar sus postulados, impongamos un estricto nivel de exigencia para no ser defraudados y manipulados. Como mínimo habremos de exigir, veracidad, evidencia, lógica y razón, pero además superar de antemano las formas ya conocidas del fraude doctrinal para no tropezar una y otra vez con la misma piedra.

Para tal propósito, se debe promover y asegurar una educación superior para todos; reafirmando a la ciencia como el método e instrumento formal más firme y robusto de que disponemos para el apropiamiento de la verdad, y por ende para el desarrollo social en justicia. Esa educación se ha de ver favorecida por las aportaciones de las corrientes pedagógicas de vanguardia; integrando en los planes comunes el estudio de asignaturas tales como: Revisionismo histórico, Práctica y activismo político, Economía y derecho, Humanismo y libertad de pensamiento, entre otras; y liberándola de los elementos dogmáticos y tradicionales que la han bloqueado, como son nacionalismo y religión.

Y en congruencia con lo que hemos aprendido, fungiría como plataforma sólida, un esquema de valores de orientación pedagógica humanista que postule, en orden de importancia: **Conciencia; Dignidad y Compromiso.**

Aprendamos a apreciar los rasgos atribuibles a la divinidad, como inspiración y objetivo a seguir, y entendamos que la trascendencia la alcanzamos a través del servicio a la sociedad.

Mantengamos una actitud suspicaz y crítica. El primer paso es darnos cuenta que las cosas en el mundo están mal, que hay injusticia y sufrimiento -propiciado por nuestros esquemas sociales- y entender que su solución no depende de una voluntad divina ni será obtenida por otorgamiento; que tan solo se requiere de conciencia y dignidad para iniciar el proceso de emancipación; pero que tenemos que comprometernos, ya que es arduo el trabajo exigido para la construcción de una nueva realidad.

Por ejemplo, más que difundir esta información entre las masas enajenadas; deberemos aprovecharla efectivamente nosotros mismos en nuestra labor como padres responsables de la educación y formación de las nuevas generaciones; primero para evitar ser instrumentos promotores de la difusión y arraigo del fraude histórico; luego para equiparlos de las armas que les permitan defenderse. Sera muy significativo que ellos (las nuevas generaciones) se vean beneficiadas de eso que a nosotros nos ha costado toda una vida entender, y que de este modo, puedan afrontar con mejor esperanza de éxito todo ese aparato enajenante del estado y dar un paso adelante en pos de su emancipación.

Amigos lectores, Ustedes son inteligentes y tienen dignidad, ¡no se degraden! Tengo la firme convicción de que llegarán a ser ateo como corresponde a la condición de seres pensantes autónomos y maduros, y como lo han sido los grandes personajes de la historia humana.

Reconocerán que la práctica "religiosa" genuina (la del desarrollo espiritual) debe consistir en la seria y responsable búsqueda de la verdad; y que la condición indispensable y que por tanto debemos defender como sagrada, es la libertad de pensamiento. El camino a seguir será entonces la auto-exigencia hacia el perfeccionamiento, hacia el dominio de nuestras capacidades y la ejercitación de nuestra voluntad.

Veremos que lo importante no es dios ni la voluntad divina, sino el interés social comunitario. Es indispensable entonces re-evaluar y erradicar o en su caso sustituir las tradiciones, costumbres y rituales, reinterpretando su sentido y utilidad prácticas en acontecimientos personales, familiares y sociales: nacimientos, bodas, sepelios, ceremonias y celebraciones cívicas, etc.

Les convoco a que imaginemos el escenario de conciencia siguiente y a continuación los conmino a que empecemos a prepararnos para desenvolvernos en ese escenario:

No existe dios; toda religión es creación humana; la Biblia es un simple libro y bastante deficiente; no somos eternos; No hay cielo, ni infierno, ni pecado; En este mundo la mujer no es discriminada; ni los animales maltratados y todas las personas son conscientes de su contexto histórico y responsables de su participación social. Finalmente, tampoco hay autoridades sociales. Entonces es nuestra responsabilidad replantear tanto el objetivo, como las formas de operar y las formas de integrar las instituciones sociales...

Arrebatemos el protagonismo social a todos esos individuos e instituciones serviles y promotores de la ideología del estado. Nosotros, los escépticos, anti-religiosos y conscientes, deberemos valorar nuestro conocimiento y razón y hacerlos valer socialmente. Seamos nosotros quienes definamos y establezcamos conocimiento, costumbres y usanzas en la vida social. ¡Que no prevalezca la fuerza de las masas ignorantes -conducidas por los designios perversos de los opresores-!

Después, cuando se haya logrado la concienciación global, todos los demás beneficios vislumbrados se obtendrán como consecuencia y se empezarán a resolver, de manera natural, los múltiples problemas sociales.

Sin embargo, y aun cuando todavía no se haya instrumentado toda esa infraestructura requerida, deberemos ya, desde ahora -conforme a las recomendaciones de Paulo Freire y también de Sidharta Gotama-, asumir la forma de quienes pretendemos ser y comparecer a nuestra realidad cotidiana como sujetos conscientes, emancipados y humanizados. Lo que constituirá, de antemano, una rebelión generalizada y sistemática contra los esquemas sociales tradicionales, echando a andar de manera natural e irreversible una cadena continua de cambios y debilitando gradualmente el poder de esos esquemas, hasta su final desmantelamiento y proscripción.

¡Así sea!

P.D. Este es un ensayo cuyo alcance está limitado por los condicionantes contextuales, pero se aspira a que sirva de referencia y estímulo a proyectos subsecuentes que puedan ser de mayor impacto y beneficio social.